創齡學

周妮萱（凱特）——著

長大變老的終身必修課

THE AGE OF CREATIVE AGEING

一同步上創齡之路

黃揚名 輔仁大學心理系副教授

　　和凱特的結緣是她還在【中化銀髮】的時候，那時候依稀記得她告訴我要回家照顧家人，會暫別崗位。下次再聯繫的時候，她已經和朋友創辦了【七分熟】，希望以對教育推廣及服務設計的熱情，透過各種創意和藝術的方式，帶大家感受如何「持續成長入老」（後來已經轉變為長大變老這樣讓人一聽就上口的 slogan 了）。

　　那時候是六年多前，當時臺灣還不是高齡社會，專注在透過藝術、創意在年長者身上的方案幾乎是不存在的。很敬佩凱特在那個時候就成為藝術創齡的先驅，她曾經任職的單位，也屢屢在創齡這塊領域有令人敬佩的作為。比方說，凱特在《安可人生》的時期，創辦了臺灣創齡藝術節，不僅空前也絕後；後來凱特受兩廳院藝術推廣組邀請參與協助，推出各種型態的樂齡及青銀計畫，在 2023 年更與兩廳院共同開啟表演藝術社會處方箋先驅計畫，更別提凱特長年來在全臺大小場館的各種行動方案。很難想像臺灣創齡界如果少了凱特，那會是怎麼樣的一個樣貌。

　　一直以來凱特對於她要推動的事情，有很明確的方向，而

這樣篤定的信念，不僅影響了引導者，更是深深打動年長者。凱特在和年長者互動的時候，不會刻意地幼稚化，而是相信每個人都是可以透過藝術提升自己的創齡肌耐力。如果沒有親眼見證，我其實也很難想像，在凱特的引導下，年長者們不僅懂得同理他人，更展現出創意無限。能夠有這樣的成效，跟凱特以服務設計為基礎的教育推廣方案，脫離不了關係。在年長者的教育推廣上，鮮少有人是以年長者的需求為根本，重新打磨課程。

很高興凱特終於把這些年來的傳家寶寫成書，讓更多人可以因為認識創齡而受惠。我很喜歡凱特這趟旅程的規畫，先引導大家思考為什麼我們需要創齡的超能力，接著介紹不同的創齡媒介，然後是具體教案的規畫，最後則是放眼未來，讓大家對於創齡的可能性有所期盼。

非常感謝凱特不藏私，把活動規畫背後的點滴都在這本書中做分享，讓想要參考的人，更有機會能夠複製這些方案的成功。但我必須說，如果只是急就章，把表面的皮毛抄襲了，其實是沒有用的。希望讀者在閱讀的過程中，不要把重點放在具體該怎麼做規畫，而是去思考，為什麼凱特會認為這個步驟是重要的環節。如果套用在你服務的對象上，這個步驟是否有調整的必要，以及又該怎麼樣調整，才是比較恰當的，這也才呼應了以服務設計為本的方案規畫。

未來的臺灣，不僅老年人口數及比例都會快速攀升，勞動力短缺更是我們需要重視的。面對這樣的挑戰，我們不能消極

地期待長照資源的挹注，必須要積極想辦法讓自己能夠好好長大變老。希望凱特的這本書，不僅是你放在書櫃上的傳家寶，更是讀進你心坎的創齡聖經，但最重要的是，要能夠用行動來提升自己的創齡肌耐力。

我已經追隨凱特步伐多年了，想要好好長大變老的你，趕緊跟上，不要落單了！

參考《創齡學》心法，
一起踏上「學創齡」的魔法旅程

辛治寧 國立歷史博物館教育推廣組組長、中華民國博物館學會常務理事

　　欣喜也驚喜看到妮萱（以下暱稱凱特）將多年推動創齡旅程的心法，匯集成這本《創齡學》。對我們（國立歷史博物館教育推廣組）而言，自 2015 年起步博物館創齡服務，至今仍正在「學創齡」的實踐路上。這本專著顯然會是重要的案頭書。

　　溯及與凱特的淵源，應是臺灣英國文化協會分別於 2017 和 2018 年以交流計畫，安排臺灣藝文與社福機構專業者，前往英國觀摩創齡藝術節及英國推動藝術參與在高齡化社會的發展。而我倆是前後梯的隱性關係。真正地相識相交，則是 2019 年凱特時任臺灣創意高齡推動發展協會秘書長，與安可傳媒、新活藝術等單位發起和主辦 2020 臺灣創齡藝術節，這項當時臺灣首次、之後尚未後繼的創齡藝術節，以協作和串聯全臺超過 30 個場域（包含北、中、南、東 20 多所博物館）辦理創齡相關活動。經由年餘的密切工作與合作，我們自此成為結伴同行的創齡好夥伴。也因凱特投注熱情和精力推動博物館作為創齡重要場域，我將之珍視為博物館創齡聯盟的公共財。

　　這本書秉持凱特的幽默本心，以魔法旅程引領讀者造訪創

齡的四個必看（must-see）景點，包括創齡所需的超能力、藝術作爲媒介、服務設計的工具，以及現在到未來的進行式。書寫方式言簡意賅，在清晰的格局和架構下，閱讀字裡行間，如同現場聆聽她演講分享一般，字字珠璣，宛若一頁頁簡報（PowerPoint），針對每個議題以直球的力道提出論點。對我而言，近年致力以文化近用、協力共學推動博物館成爲創意學習及創齡行動的樞紐角色，對於其中幾點特別有共鳴。

- 創齡是關乎每個人大腦和心智的鍛鍊，只要樂意，人人都可以「有創造力地長大變老」，並非專屬特定群體。博物館便是一個讓人們平權共處，一起成長共學、安心享老的場域。

- 藝術或許不是每個人的日常，藝術也不限於創造和創作。可以將它視爲一項邀請，藉由參與藝術，連結身體和感官，與自己對話，和他人交流。不同類型的博物館藏品和物件，皆可作爲激發創意與連結的媒介或工具，認識世界、理解自己、連結他人，創造更多的可能性。

- 從使用者的觀點出發，無論是透過服務設計建置情境，打造契合所需的體驗，或以設計思考起始於使用者的需要和喜好，再以接近完成度、但仍保有優化空間的原型（prototype）概念，研製有形和無形的產出與服務，對資源有限並須一源多用的博物館，尤其重要。

- 關注的不只是績效，更是影響力。創齡旅程的影響力涉及實踐過程中多方參與者的協作共創和夥伴關係，也關乎影響力所及的社會、文化、經濟、政治等等不同面向。書中提及社會處方箋（social prescribing）即是其一。博物館作為社會處方或博物館處方的適切場域，也彰顯了當代價值的實踐。

聯合國 2017 年全球高齡化現象調查預估，至 2050 年 60 歲以上的人口將成長到 21 億。可以想見，未來勢必是一個更老的社會，卻可以是一個更具創造力的世界。當我們以創齡啟動長大變老的旅程，自我的生命經驗因創造力獲得超越的能量，便能活得更有品質和價值。如何讓人們包含健康、亞健康、失智長者與照護者在博物館平等相待，彼此共學，因創造力而金光閃閃、感覺幸福，是博物館與創齡夥伴共同努力前往的應許之地。

女權運動健將貝蒂・傅瑞丹（Betty Friedan）曾說：老化不是失去青春，而是開啟新階段的機會與力量。身處超高齡的臺灣，格外需要凱特的《創齡學》，幫我們在長大與變老的人生路上，透析如何透過藝術鍛鍊心智與身能，開啟自身的創齡原力。

——**吳岱融**，國立臺北藝術大學藝術與人文教育研究所副教授兼所長

除了教學現場的開場口頭禪，作為「教友」，我對凱特例行用三個掌聲結束課程的儀式，尤感創齡精神無孔不入。有凱特在的現場，每一環節都是創齡服務設計！不僅是給不在場的目標受眾，也是對共學研習夥伴，更是對同工的博物館教育人員。

——**吳麗娟**，國立臺灣美術館教育推廣組副研究員

《牛津辭典》以「the process of growing old」來解釋 ageing 這個字，可說明每個人在出生之後便共同經驗的歷程。這正是凱特貫串整本書的主軸之一——「每個人都在長大變老的路上」，指出 ageing 與每個人都密切相關，而非專指各種社會定義下的「高齡者」。凱特擅長以貼近人心的話語，觸動人們在生命歷程中的經驗，藉此引導我們看見心中的真實想望。此外，凱特也是我國目前少有能夠嚴謹理解與詮釋「創齡」與「社會處方箋」

之意義及其實踐的實務與學術工作者。

——**林宏陽**，國立屏東科技大學社會工作系教授

臺灣的文化藝術機構持續推動創齡，凱特是夥伴、益友、良師。對於第一線創齡工作者而言，《創齡學》不僅是一本書，更記錄著臺灣創齡旅程的曲折與豐美。

——**林潔琪**，國立臺灣歷史博物館公共服務暨教育組助理研究員

初見以凱特之名走跳江湖的妮萱，是名活潑熱情且樂於分享創齡知識的夥伴。與凱特有更多業務往來後，更發現她對每個人面對「長大變老」這件事已有一套完整的觀察角度跟思想體系。本書是凱特從自身經驗出發，結合教育推廣實務並發展脈絡學理而成的一本專書，讀者們可藉以更加豐富自己的生命歷程。

——**張玉漢**，臺北 / 寶藏巖國際藝術村總監

聽過凱特式「布道」創齡活動和課程，就會深深地被她破除年老既定框架的魅力吸引，《創齡學》正是凱特的生命熱情與精神所在。如何老去是一門藝術，所有人都應該想像自己老去的樣子，從事長照或創齡教育推廣深度方案的工作者更是必讀此書。讓藝術不再遙不可及，而是能陪伴每個人面對生老病死，並帶來健康與幸福感的生命禮物。

——**梁秀眉**，無論如河書店兼居家護理所經營者 / 護理師 / 心理師

在大家高喊著樂齡、金齡、樂無齡的時候，凱特說：「我要創齡。」誰說什麼年紀就是什麼樣子，年紀大就只能是金、樂、無的高齡者，我要把這些通通換掉。我覺得年紀大擁有的經歷、感受更多，應該更能好好地創造出嶄新的生活模式。各位朋友們，我們一起來好好享受這本書，再一次創造（生）出不同的自己吧！

——**陳乃菁**，陳乃菁診所院長 / 老年醫學專科醫師

凱特致力以各種藝術作為創造社會共融的媒介，彰顯人的意義與價值。她透過豐富的實踐與研究行動經驗，打開創齡在臺灣的多元可能，是面向未來超高齡社會的創齡福祉設計師！

——**陳懷萱**，國立臺灣大學創新領域學士學位學程專案助理教授

凱特是一位專業、熱情的「創齡」嚮導，為臺灣進入高齡社會做足功課，探他山之石，淘本地之沙，為高齡福祉與代間共融拓土開疆，並善用誠懇、幽默的語言，帶領青銀旅伴發現自己、他人和這世界的可愛。邀請讀者與她同行，以藝術、創意和想像為裝備，一起走在長大變老的路上！

——**陳韻文**，教育部跨領域美感教育計畫協同主持人

「長大變老」是凱特創出來的好詞，其中蘊含著她對高齡現象的心意與觀點，就如同「創齡」由她領頭開創而成【創齡學】一

般，讓「老」可以走另一條路，這是人人裝備創齡超能力的必讀書。（你也沒別的書可參考啦）

——**陳麗光**，國立成功大學老年學研究所副教授

凱特是臺灣倡議「創齡」的先導，不僅從國際經驗淬鍊「創齡」的具體意涵，更務實擘畫出臺灣創齡之路的藍圖。是學者、實踐者也是促進臺灣社會處方箋效益的革命者。

——**黃子明**，遊戲力社會企業執行長

2019 年我因為起意在新營文化中心推動一連串的銀齡藝術活動，因緣際會認識了凱特，也邀請她為我規畫了好幾年的銀齡講座與影展。她總是能邀請到最切合主題的講者，和當代在創齡領域上傑出的專家，同時我也有幸能參與多場凱特主辦的論壇，與不同領域的創齡工作者交流分享，看著她這幾年在創齡推動上發光發熱，著實佩服她的毅力，而這本《創齡學》可以說是集結了這幾年來她對創齡文化的觀察與實踐，更詳細介紹國內外重要的創齡推動案例，足以作為每個創齡文化工作者最重要的參考資料。感謝凱特為臺灣創齡工作的扎根與付出，相信我們未來的老後生活，會因你而更美好！

——**楊馥菱**，臺南市立圖書館館長

創齡的每個活動中，能感受到「長大變老」是一件值得期待、幫助生命更完滿的事；這是凱特身體力行，也是夥伴們樂於實踐的理想。

——**熊思婷**，臺北市立美術館教育服務組組長

從照顧者到創齡實踐者，從地方到公共政策，凱特豐富的知識、幽默感與創造力，正持續滋養著這片土地上那些正在一起長大變老的我們的生命。

——**劉又瑄**，成功大學附設醫院安寧緩和共同照護中心音樂治療師

「因為我們要創造一個更適合自己生活的未來。」是凱特常常掛在嘴邊的話。推動創齡多年來，她始終如一。總是像害怕時間會消失般地不斷衝刺著，偶爾碰撞，卻也都帶來精彩的火花。不吝於分享自己的觀點與經驗，積極創造不同領域間的對話與交流。這本書收攬了她這段路上的累積，相信一定會為你帶來新的眼光。

——**蔡宛凌**，行動藝術治療師

「變老最棒的事，是你不會失去曾經歷過的所有年紀。」
——麥德琳·蘭歌（Madeleine L'Engle），作家

　　我知道自序太長沒人會想看，加上此書內容豐富，當然邀請您直接詳見全書。因此請放心，我會長話短說。

　　每次教學時，我的口頭禪就是：「**每一天，我們都走在長大變老的路上。是變老，更是長大。**」這不是巧言令色的迷幻用語，而是我對「語言定義思想、思想決定行動」的深信不疑。身處被負面的老化用詞狂襲的世界，當我們願意使用「長大變老」一詞時，這趟旅程就有了新的觀點，這個世界就有可能迎來新的境界，這也是創齡想帶給大家的——讓自己充滿創造力地長大變老！

　　至今，大概已經透過各種方式「布道」了數百場的創齡活動和課程。用「布道」這兩個字不僅是因為曾有聽過我分享的聽眾這麼形容，更是因為無特定宗教信仰的自己，卻因創齡而得到拯救，於是就這麼樣將它當作「信念」般地執著推動著。盼望有更多人在長大變老的路上，即便遇到挑戰、困難，都能因為有創齡的陪伴，不會迷失了自己、放棄了自己。

　　這些年來見證無數創齡帶來的力量，真真實實地開展在我所設計的教育推廣方案之參與者身上。每一個感謝甚至落淚的

眼神，都支持著我在這段充滿挑戰的路上持續前行。透過這本書，有機會將行走在創齡現場的研究與實踐做整體的分享，不僅希望這些經驗可以有所累積，讓往後有心從事創齡的夥伴們有參考的仰仗，更期盼這一路以來在各處持續堅持推動創齡的夥伴們，皆不感到孤單。

這本書要獻給兩群夥伴：「正在或想從事創齡教育推廣深度方案的工作者」與「相信藝術能陪伴自己長大變老並帶來健康與幸福感的每一個人」。翻開書的這一天，歡迎您來到創齡的魔法旅程。這趟旅程我們將造訪四個景點，每個景點也都為您安排了能在人生路上勇敢探索的創齡道具，即將迎來的景點有：

第一站｜人人需要的創齡超能力

第二站｜創齡的藝術媒介

第三站｜創齡服務設計與實務案例

第四站｜創齡未來進行式

裡面的每一站我在這邊就不多說，因為作為服務設計師，讓參與者知道我們將一起前往何處、經歷什麼樣的可能，提供清楚但保留驚喜的開場是再重要不過的了。因此，每個站別的開始，我準備了「旅程指南針」，為前方的光景帶來踏實的第一步；盛會結束之際，也為您整理了「旅程筆記」，讓我們能再好好回味曾感受過的一切。

最後引用目前已朝百歲邁進的日本藝術家橫尾忠則的一段

話：「每個人都是帶著創造性的想像力來到這世界上的，這一點並不限於從事藝術工作的人。無須以創作為業，只要懷有做做看、畫畫看、寫寫看、（跳跳看、演演看）的心情，或許就能透過這種創造力，讓自己保持健康，延年益壽。願各位皆能透過創造，展開新的生活與人生！」

　　願創齡原力與您同在，我們攜手啟程吧！

目錄

第1站 ○ 人人需要的創齡超能力

第 3 站 ○ 創齡服務設計與實務案例

人人需要的
創齡超能力

旅程指南針

旅程的第一站，總得給手上正拿著書的讀者一個誘因繼續看（買）下去，因此「爲什麼每個人都需要『創齡』？」成爲在行前發送給各位讀者的手電筒，接下來，請打開開關，一起蒐集這站旅程中的「創齡」寶石吧。

這一站的風景，我們將一探「創齡」究竟，以及老年意識與社會潮流的改變如何促成「創齡的崛起」。有別於理論先行，讓讀者旅人們看了就頭昏腦脹、撇書離去，我決定從實踐出發，也就是自我揭露，從我的生命經驗開始談起，進而看看到底是什麼樣的社會變遷使「創齡」開始出現在我們長大變老的路上，出沒於我們的生活日常。當我們從具有高度的視角綜觀全局，才能釐清整體老年社會演進的複雜關係，避免落入見樹不見林的單一觀點。

接著我們將有一道任意門飛往英國與美國，探索不同的創齡發展和實踐，以及在不同的對象中，如何讓創齡的價值具體落實，回應社會。英、美創齡各有風采，然由於長年以來，我

較為認同英國在創齡的思考脈絡，且多據此進行方案設計，因此，指標型案例乃以英國為主，藉由各計畫的脈絡、任務與推動，帶大家更整體性地感受與認識英國創齡的思維。

最終我們將回到此刻自己正於此長大變老的臺灣，一同行經臺灣的創齡發展，透過理解在地化的脈絡，思考下一步我們將如何持續攜手，讓這片土地成為明日的自己也期待的長大變老應許之地。

1 我們如何老又如何健康

▌關於長大變老這件事

「我一直以為人是慢慢變老的，其實不是，人是一瞬間變老的。」

——村上春樹，《舞・舞・舞》

30 歲就開始感受長照來襲的自己，換個角度想，是幸運的

如同男人常被女人指責遺忘的結婚紀念日，已經記不得是哪一天正式與創齡相會，也或許根本沒有如國定紀念日般明確的某一天，然而可以肯定的是，促使我踏上推動創齡的旅程，乃至於這本書的出現，都與那段圍繞父親而生的長期照顧之路，有著緊密的關聯。

2018 年父親正式登出地球的那天，是習俗上要回娘家的大年初二，臺灣中南部有著宴請女婿的習慣，稱為「女婿宴」。老爸突然從家中離開後，為了讓後續殯葬流程可以進行，必須

請醫師來開死亡證明，只好很抱歉地把正在彰化準備享用女婿宴的衛生所醫師找回來。醫師抵達家中，問起了我關於死亡證明上的原因。

「你爸的死亡原因是什麼？」

「很多耶，你要選哪一個？」

父親人生的壯年時光從洗腎開始，一路從腹膜透析洗到血液透析，大腸癌切除部分大腸、直腸癌切除部分直腸、膀胱癌拿掉膀胱、攝護腺癌拿掉攝護腺，最終裝了俗稱人工肛門的造口，而且因長期反覆開刀且周邊傷口復原不佳，加碼後，成了兩副造口。

就是這麼轟轟烈烈的過程，以至於衛生所醫師問我死亡原因時，我直接列出所有可能任君挑選，醫師聽到後停筆吃驚，回神過來時用臺語對我說：

「那就選一個最久的好了。是說，你爸爸也真的實在很會撐啊！」

每一個經歷過照顧的家庭，都有屬於自己的故事，我們家也是，所以我現在總說：「30 歲就開始感受長照來襲的自己，**換個角度想，是幸運的。**」

自我高中就開始洗腎的老爸，某種程度其實算是個喜歡藝術的人，除了愛看金庸和推理小說外，洗腎前也喜歡吹薩克斯風，甚至會買藝術品，**雖然有著接近藝術的經驗，但現在回頭**

看，都是屬於較無法與他人產生連結、建立關係，皆偏向獨自可以完成的類型，進而無法從藝術的社會參與中，學習到自我覺察和對外溝通的能力。

加上長期以來，父親不僅掌握家庭經濟，更是受外界景仰的中醫師，環境塑造於內心的自信逐漸形成威權的芽，在照顧按鈕啟動，難再回頭的旅程正式展開後，伴隨肉體迎來苦難的日子加劇，父親選擇將威權的芽長成了藤蔓，讓自信成了情緒和言語暴力的荊棘，纏繞家人，近乎窒息。

就此，父親成為令家庭感到痛苦的被照顧者，而肩負直接照顧壓力的母親更在當時成了罹患憂鬱症的照顧者。

「我們現在以什麼樣的態度面對自己的人生，都來自於過往所有生命經驗的累積。」

老爸走的那年是 107 年，59 歲，當時臺灣人平均壽命約為 80.7 歲，男性 77.5 歲、女性 84 歲；寫這本書的 112 年，平均壽命為 80.86 歲，男性 77.67 歲、女性 84.25 歲。總體而言，臺灣人的不健康餘命年數（包括失能、臥床、慢性病纏身等狀態）約是 7 到 10 年，掐指一算，父親的確就是落在這樣的範圍，但是 59 歲的他，以男性當年的平均 77.5 歲，還是離得太遠。

然而這段難熬的生命經驗，促使我急迫地想理解高齡和長照，但我很快意識到——「當每個人、每個家庭進到長照，可能成為父親那樣使人苦痛的被照顧者、母親成為憂鬱症的照顧者時，是否已經太遲？」

就這麼巧合，當時身在長照領域的我，開始接觸「創齡」，在深刻感受創齡的「功用」後，我想知道，倘若當初能有創齡，是否就能療癒照顧者與被照顧者的身心挑戰？而我自己是否也能在老爸離開的前一夜，是與他共享藝術的撫慰，而非無奈的惡言相對。

　　如同父親與我的家庭，並非只有年長者和照顧者才有可能走進長照生活，然而在過往的家庭、學校、社會教育中，卻鮮少有人指引我們「如何好好長大變老」。因此我許下心願，創齡不僅是給年長者，更是獻給所有世代；希望每個人都能以廣闊的視野看待老年、看待自己，讓創齡陪伴這段人生的單程旅行。最終，因為更多人認識並運用創齡在自己身上後，再也沒有任何一個家庭，需要走過我們家曾經歷的所有一切。

　　所以，老梗地說，人生就是如此複雜和不可預期，每個轉彎處都有賴我們更多角度的端詳。因此我總提醒自己，無論面對什麼樣的議題或想解決什麼問題，一旦落入見樹不見林的情況，全貌就難以看清。在潛入創齡如何提升身心健康福祉之前，我們先一起飛天翱翔，以寬闊的視野感受關於長大變老這件事。

▌我們希望國家如何看待自己

「歷史上，一個文化如何看待老年的意義，決定了這個國家文化看待整體人生的方式。」

——《老年之書：思我生命之旅》

我們應該如何看待老？更精確來說——如何看待你自己

「國發會表示 2022 年臺灣人口負成長！ 2027 年人口紅利消失。」

「重大危機上半年首次負成長！人口死亡交叉恐提早降臨。」

「『生不如死！』臺灣人口紅利消失後會發生什麼事？」

相信你都曾見過這些負面聳動，讓變老宛若末日即將來臨，同時造成社會老化負面印象加深的標題，然而，每一個活在地球上的人類，每一天、每一刻我們都正走在長大變老的路上，有一天當我們來到各界定義下的中高齡時，就代表往後的我們只能是停滯的一灘死水嗎？

肯定會有人不服氣，至少是我。

除了不服氣，更是因爲我知道聳動言語帶來的潛移默化將會影響聽者看待議題的角度，所以教學時就會特別先從「長大變老的意識」開始，而不是一開始就介紹創齡是什麼、創齡的模組又長什麼樣子。

長大變老的過程不該是極端的邁向「成功」或墜落「失敗」，而是伴隨時間和心境的動態變化。如同遊走光譜之間，沒有全然的絕對。因此，如果沒有好好地從遠到近爲聽衆建立整體性和一定的視野高度，那麼往後無論是創齡或任何高齡議題的推動，都將必然產生缺漏或誤解，因此就讓我們先看看長壽究竟是風暴還是紅利？

讓 「長壽紅利」 取代銀髮海嘯和高齡風暴

人終究只會越活越老，不會越活越小，就算是電影《班傑明的奇幻旅程》，主角即使肉體如時光倒轉般越活越「年輕／小」，但他的心智仍是持續累積向前，成了擁有老靈魂的返老還童。回到現實世界也是如此，身為人，我們有失去，但必然也有所獲。然而當世界以「高齡風暴」或「老年海嘯」，甚至使用「嚴重的社會問題」來形容每個人的未來時，這是我們所期待的老年嗎？如果不是，我們又該如何回應、展開行動，朝向更平等的老後？

經濟學中，「人口紅利」（demographic dividend）一詞指的是勞動人口在總人口中的比例，因上升而所伴隨的經濟成長效應，此現象會隨著每個區域或各國嬰兒潮世代崛起的不同而大異其趣。因此大方向上只要沒有戰爭、疫情、天災等等系統性風險頻繁出現，多數已開發國家都是朝著人口紅利遞減的方向前進。也就是，別擔心，人口紅利是國家繁榮發展的正常現象，**關鍵是如何從擁抱既有現象，找到新興的價值。**

2020 年，飛利浦亞太地區人口健康管理（Population Health Management, ASEAN Pacific, Royal Philips）於世界經濟論壇（World Economic Forum）中以〈看日本與新加坡如何重塑老化〉（How Japan and Singapore are reinventing old age）一文分享了日本、新加坡如何從國家政策創造「長壽紅利」（longevity dividend）。

「長壽紅利」一詞最早於 2006 年由美國芝加哥伊利諾斯大

學公共衛生學院教授 S. Jay Olshansky 與同事所提出，他們認為**藉由健康老化的推動可以促進整體社會經濟產值和個人健康價值**，同時能將過去只從「疾病管理」的角度看待老化，轉向如何促成「健康老化」。這就是所謂的「價值」。

因此，當我們開始從長壽紅利思考健康老化的未來時，不是看老年津貼的發放額度，而是從「世代」的高度加以擘畫。

作為個人，我們得理解工作時期所累積的財富除了用以保障自身經濟安全外，更能於年長時，適度合理地使有餘裕的財富成為社會發展的驅動力，成為世代良善共榮的泉源活水；**作為國家**，不僅需要在政策上發展符合超高齡社會需求的服務與產品，持續投資資源在年長者的人力資本再運用，更需透過包含創齡設計在內，促進代間交流共融的各種規畫，真正發揮長壽紅利的價值，使之永續。

總體而言，這些都仰仗政府跨部會協作和個人的視野能否有足夠的開闊方能妥善運作。近年來政府的確藉由如《高齡社會白皮書》進行相關整合，實踐的動能和持續性仍有待時間來驗證。在此之前，或許可以先一窺鄰近臺灣且我們總難以移開注目眼光的新加坡和日本。

新加坡：大學支援技能終身學習與打造社會風險分攤機制

臺灣預計於 2025 年邁入超高齡社會（super-aged society），亦即屆時 65 歲以上人口占總人口比率會超過 20％，有趣的是，新加坡進入超高齡社會的預估也落在和臺灣相去不遠的 2028 年。

迎接超高齡社會的到來，高等教育接軌國際動能向來強勁的新加坡，推出的兩支箭是「社會保險」與「終身教育」。

社會支援系統的規畫上，回應高齡健康議題相應的財務需求則沿用保險常見的風險分攤（risk pooling）概念打造「社會風險分攤」（social risk pooling）機制＊，分別發展不同方案回應老後的日常生活費用與重大醫藥費用。

在終身學習中，新加坡也是建立樂齡學習系統相當具代表性的亞洲國家。隨著高齡群眾的多樣化，近年來新加坡也力行由大學帶頭，推出校友的終身學習機會，提供他們能回校選修與產業發展相關的課程機會，更透過學費誘因鼓勵歷練豐沛的校友不僅帶著經驗回到學校，還能結合自身作爲「現役」中高齡的感知，藉由與時俱進的進修，參與更多因應高齡趨勢的前瞻性技能研發。

除此之外，新加坡透過創齡促進中高齡者的健康福祉所展開的行動，也是很早就將國際視野在地化，同樣結合終身教育的思考，培養社區藝術家進行創齡方案。2012 年更開啟以**促進家庭世代交流**爲主旨的「**銀髮藝術節**」（Silver Arts Festival）。與此同時，以藝術文化爲主的表演場館、博物館、美術館也皆以自身特質爲基礎，**持續透過國際交流和協作開拓創齡之路**。

＊ 特別感謝本書推薦人之一，研究社會保險的林宏陽教授提點「社會風險分攤」一詞。

日本：運用老年需求形塑產業發展新契機

　　日本作為全球第一個於 2006 年走入「超高齡社會」的國家，在高齡趨勢強勁滾動下，於 2000 年已率先運作長照保險制度。走過二十多個年頭，從原先的「保障」概念更進一步推動「促進」產業升級，目的都是為了回應超高齡社會的演變需求。也因此於產業發展上，日本政府將原有已相當具實力的工業製造、設計與顧客服務能力，投注於「醫療科技」與「老年照護」如照顧機器人與細胞治療等創新運用，不僅持續滿足老年需求，更降低照護成本，同時為產業開創新契機；此外，透過「地方創生」（regional revitalization）的國家型策略，挖掘區域的文化特質、帶動人口移入並促成經濟行動，也成為面對人口老化現象嘗試建立長壽紅利的具體作為。

　　當各方各面皆飛奔衝刺之際，如何運用日本民族性中對看似不起眼的小事因執著而生的創造力，讓中高齡者在高速的社會變遷下仍保有生命活力，也成為日本在創齡發展上的獨特現象。

　　眾多的藝術媒介中，以「戲劇」行動最備受矚目。1997年，素有「日本地下劇場帝王」稱號的劇場導演流山兒祥，成立 45 歲以上方能加入的「樂劇團」奠定了相當重要的基礎。臺灣近幾年也多次有機會邀請樂劇團前來演出與經驗分享。2006 年，劇場導演蜷川幸雄接手埼玉金世代劇場（Gold Theatre of Saitama）後，以「創造新的劇場型態」為精神，場域為立基，成立中高齡者為主的劇團，也成為場域發展創齡的重要案例。

現今更有同時身爲演員和照顧服務員的菅原直樹，創建「老化失智與死亡」(Oi Bokke Shi) 組織，藉由戲劇培訓和遊走式演出，讓更多人親身同理關於老年的相關議題。文化藝術催生下的創齡行動，讓長壽紅利得以用更符合健康福祉的姿態前行。

臺灣：「我們期待什麼樣的未來？」

根據我長年觀察，無論日本、新加坡或臺灣，皆非北歐或部分歐洲國家的全面社會福利制，甚至人民的觀念也是資本主義導向爲主。然而在高齡發展政策下，人民卻期待所有與老相關的資源都是「應得的福利」，也因此無論誰執政，都希望「精神上」讓人民有社會福利之感，這樣的矛盾困境不僅混淆了「福利」（國家義務提供的內容）和「加值」（個人隨需求和能力而做的選擇）的意義，更於無形中阻礙了臺灣發展特色型高齡產業、創造更符合人性需求的商品或服務。這樣的狀態也帶來了創齡永續推動在現實層面上的挑戰——資金來源與政策規畫。

現狀或許非一朝一夕卽可轉變，然而從長遠來看或許還有機會從現在開始，因此我提出因應臺灣風俗民情的幾點建議：

◆ **國家教育應於教學環境中建立：**

▪ 創齡識能：學習覺察長大變老的過程並建立世代同理心與平等心。

▪ 心智識能：培養面對環境的心理韌性及多元的回應途徑。

- 理財識能：建立人生全程的理財觀念。

◆ **為國民打造變老的健全概念並鼓勵有意識的資源流動：**

- 識別「福利」和「價值」的不同，進而建立正確的使用者付費觀念。
- 鼓勵年長者持續參與社會並從事對自己、他人和社會有意義消費。

　　無論日本或新加坡，國家政策應當「動得早、看得遠」成為毋庸質疑的方針。臺灣看待變老的觀念與意識其實近年來皆有長足進步，接下來就看我們期待形塑什麼樣的超高齡文化，迎接未來。

▌語言決定思維　思維引領行動

「老年學家一直為年齡歧視感到困惑：因為它等於人們對於未來的自己所產生的偏見。」

　　　　　　　　　　　　　　——《關於變老這件事》

我們都是一籃子模樣相同的雞蛋？

　　「擁有『凍齡』肌膚就靠這罐！」

　　「『逆齡』微整形，無痛無痕超完美！」

　　「怎樣都不老！逆齡回春太極拳！」

　　從國家發展的視野來到社會看待老年的歷程，接下來我們可是要更直球對決整體大環境，你準備好了嗎？

環顧四周，有留意到言語、媒體、廣告如何評價關於老年嗎？你會輕易地發現，電視、網路、街頭，無論實體或線上，四處可見「對抗」年齡的大聲疾呼：「高齡」、「老化」、「凋零」、「衰退」、「垂暮」。當我們綜觀後會發現，原來，在沒有意識的情況下，這世上用來形容人類變老的用詞這樣多。而且幾乎都是負面的。

這個世界從不缺少標籤，打從娘胎而出，我們就以標籤來歡迎所有人的降臨：出生時屬於嬰兒潮世代、X 世代、Y 世代或 α 世代（這幾年更增添「新冠世代」一類）；長大後是人生勝利組、草莓族、飛特族或啃老族；65 歲開始，世界衛生組織貼心送上「高齡」二字，往後每隔十年就為你更換為「前期高齡」、「後期高齡」，最後超過 85 歲就來到「超高齡」！（究竟85 歲過後還會有什麼梗？讓我們一起看下去。）

然而，人生每個階段的標籤或許我們都可以在擺脫某些狀況後便將它撕下，唯有「老化」這個品項，只會越黏越緊，從尺寸、樣式到規格，越發清晰，沒在客氣。好險時代在改變，你我各自的獨特性開始逐漸受到重視，我們開始質疑：

「為何要甘於接受這些將所有人視為同一籃子雞蛋的普羅分眾方式？」

老化的標籤，今天我要撕十張！

在過去，若要提到對於老年防衛心最高的行業，非時尚業莫屬。

然而無論什麼樣的領域，總有先行者；2017 年，美國知名時尚生活雜誌《Allure》發表聲明：「將不再於雜誌或宣傳中使用『抗老化』（anti-aging ／ ageing）這個字眼！」時任《Allure》編輯長的蜜雪兒・李（Michelle Lee）進一步提到：

　　「改變對老化的思維，必須從改變我們的說話開始！」

　　李提及，日常生活中，從蔬菜水果、化妝品、保養品、健康食品到各種氣功、瑜珈、健身，由內而外，整個世界的確充斥著「抗老化」的宣言。而最早出現抗老化這個用詞是起因於 1980 年代，廣告商的產品銷售，而他們的對象正是「老女人們」。

　　「每當在使用『抗老化』這三個字，其實不知不覺中我們正強化了一個訊息，那就是——『老化是一個我們必須奮力抵抗的狀態』。」

　　也因此，2017 年雜誌的封面人物出現一位與眾不同的模特兒——72 歲的海倫・米蘭（Helen Mirren）。作為一本時尚雜誌，無論出於什麼樣的原因，能揭起這樣的宣示已值得敬佩。更令人欣慰的是，星星之火可以燎原，後續幾個著名的品牌 Dove、Olay、L'Oreal 和 Vichy 也已經開始嘗試使用一些新的用語來取代「抗老化」，例如 pro age、age-defying、age perfect、slow age。

　　或許會有人說，「再怎麼努力替換說詞，都只是換湯不換藥。」但親愛的，就像是歷史上爭取權利的每場搏鬥，無一不是涓滴滲入後得以逐漸走向真正的變革。我們肯定無法讓所有

人（也是所有年齡層），甚至一整個世代的人們，都重新思考老化的用詞和所帶來的影響，但馬拉松賽必定需有人鳴槍而起，對抗根深蒂固的標籤化也總得有個開始。

因此，在教學或演講時，我都會一再提醒參與的聽眾，**我們使用的語言會決定自身以及聽眾的思維、這些思維則會引領明日的行動。**因此無論與什麼樣的世代溝通，謹慎的思考並使用我們的陳述，這是身爲創齡專業工作者必須念茲在茲的。

這些年來，臺灣各界也在陸續定義高齡未來的相關用語，然而再多的定義，希望在持續的倡議之下，總有一天能如同紐約時報專欄作家 Judith Graham 在〈The New Old Age〉文中所主張的：

「其實，最簡單的就是，我們都不要再使用任何分類了！」

▌號角響起　藝術文化與健康福祉奏起

「運動存在的理由是要鍛鍊身體和肌肉，藝術的存在是鍛鍊形成我們認知與感知力的大腦心智。」
——《大腦的悖論：一個神經心理學家眼中的老化大腦》

終於抵達創齡之於「個人」的存在價值了，在此我想先做個提問：

「對你來說，健康是什麼？」

這是個一百種人就會有一百種回答的提問。曾經一次最令我印象深刻的回應，出現在社區授課現場——「健康就是能

吃、能睡、能放。」長輩以臺語說畢，全場哄堂大笑卻也同時點頭如搗蒜。

是啊，我的父親在最後就是因爲不能自如地「放」（臺語通常意指排泄），而裝上了俗稱人工肛門的造口。然而，身體的健康雖是父親生命中的一部分，但現在回想起來，或許當時父親最不健康的是我們最常忽略之處也是創齡能產生影響力的地方——**心理健康及社會參與。**

世界衛生組織曾就健康下了著名的定義——「一個人在生理、心理、和社會幸福感皆處於良好的狀態，而不單單只是沒有疾病或衰弱。」回望過去的長照路並放眼社會上許多關於老年的思維，發現幾乎每個人都知道生理健康很重要，因此會注意飲食、規律運動、鍛鍊身體肌耐力，然而提升心理健康以及伴隨而生的幸福感（well-being）所需的「創造性肌耐力」（creative muscle）卻是臺灣在家庭、學校、和社會教育長久以來所忽略的。

幸好，隨著「成功老化」及「健康老化」的出現，讓老年發展歷程的關注從生理開始擴及心理和社會參與。這意味著看待「變老」這件事，已從外在的身體變化逐漸重視心理和情緒的內在調節，而藝術創造美感經驗的過程則能傳達情緒、感覺和感知，因此，藝術所帶來的益處，隨著老年學、神經科學、心理學投入老化的共同研究，加上藝術作爲媒介鼓勵年長者參與活動的計畫逐步開展，所有的支線逐漸有交會的可能，成爲日後創齡更明確發展的重要網絡。

世界衛生組織：藝術顧健康

　　世界衛生組織於 2019 年十一月公布一項歷年來規模最大的綜合分析報告〈藝術作為促進健康與幸福的全面性報告〉（What is the evidence on the role of the arts in improving health and well-being? A scoping review），自 2000 年到 2019 年耗時二十年時間，彙整了橫跨歐洲超過三千五百項公開研究與九百篇以上的出版文獻，絕大多數的分析都顯示「**藝術在生理和心理健康上具有相當重要的影響**」，從胎兒、青少年、中年、老年至臨終者，藉由各種藝術參與，能正面地影響身心健康。相較於傳統醫學治療，藝術參與更能有效減少醫療成本達到預防之效。

　　世界衛生組織也肯定藝術型態與運用方式皆有助於提升照護品質，更進一步將藝術的影響範圍分成：「**疾病預防與健康促進**」及「**疾病管理與治療**」。從「疾病預防與健康促進」的角度，藝術可以影響健康的社會決定因素、支持兒童發展、鼓勵健康促進行為、預防健康不良的狀態，及支持照顧行動；至於「疾病管理與治療」的部分，藝術則可以幫助人們覺察自身的心理疾病、支持慢性疾病的照顧、協助治療神經發展與精神失調、支援非傳染性疾病的管理與安寧緩和醫療照護。

　　那麼有哪些藝術可以運用呢？世界衛生組織分類了包含表演藝術（音樂、舞蹈、歌唱、電影）、視覺藝術（工藝、設計、繪畫、攝影）、文學藝術（寫作、閱讀）、從事文化藝術活動（前往劇院、美術館、博物館、藝廊、聽音樂會），除此之外，更有動畫與數位藝術創作等新型態的媒介。

整份報告中，關於長者與失智者的藝術參與研究更是相當多元，參與藝術普遍可以增進正向的社交行為。幾個月一次或更密集前往博物館、美術館、藝廊、劇院、音樂會或聆聽歌劇演出的年長者會有較低的認知率衰退並降低罹患失智症的風險；音樂和舞蹈則可以協助減輕失智者的焦慮感、寂寞感和社會疏離感；戲劇課程除了可降低躁動、侵略與其他行為問題，更能促進照顧者與被照顧者間的溝通；國外所盛行的團體編織則可助於維持社交技能；其他如陶藝、閱讀、視覺藝術皆具有幫助失智者自我定向並維持自尊的功能。

　　除了方案設計，世界衛生組織也提出了結合硬體規畫的建議，指出醫療院所或照護機構的建築及空間設計（如對比色與照明方式）都會影響長者的認知功能、社交動能與人際互動；甚至有研究顯示在照護機構中播放背景音樂可以減低用餐時間的躁動並提升沐浴時的合作意願。

　　該份報告的共同作者之一，英國倫敦大學院精神生物學與流行病學的教授 Daisy Fancourt 於受訪時更深入地提出，隨著這項報告出爐，接下來更要展開思考與行動的是：

- ◆ 我們能否以健康促進為目標推動跨領域（藝術文化與衛福健康）的整合型預算？

- ◆ 我們能否使藝術成為從事健康或照護領域專業者訓練中的一環？

- ◆ 我們能否投入更多時間和資源用於擴大像這樣的跨領域項目？

如同世上沒有任何一種藥物能保證藥到病除，藝術也非萬靈丹，然而當重視健康與福祉發展的浪潮發展至今，長期把保持或恢復健康全然託付給醫學的同時，將藝術加入團隊，為我們鑿開了一道新曙光，通往健康福祉的新境界。

2 為長大變老而創齡

▌「第三歲月」？「第三人生」？

「每個人只要活得夠久，都會有第三歲月；但不是活得夠久的人，都會有第三人生。」

——愛德華・凱利（Edward Kelly），愛爾蘭成人教育學家

　　1960 年，當聯合國首次統計全球預期壽命時，當年人均壽命僅為 52.5 歲，臺灣則是 62.1 歲；2021 年，全球人均壽命推估已來到約 72.4 歲，此時的臺灣則來到 80.8 歲。

　　實在很難想像不過就這六十多年，人類的平均壽命就多了將近 20 到 30 歲。過去我們常說「三十而立」，現在一生中，可多了好幾個「三十」，立了第一回，接下來呢？

　　愛爾蘭成人教育學家 Edward Kelly 是「第三人生」（The Third Act）一詞的發明者。這樣的用語是借代自歐美典型的戲劇結構，以「三幕劇」的形式設計腳本，通常第三幕會展現整

體劇情的統合高潮。因此「act」是個雙關語，一方面指人生的「幕」，同時也作動詞用，有「行動」的意思，意指歷經第一幕的「觸發／開頭」、第二幕的「衝突／中場」，就將展開具體行動朝向第三幕的「統合／結尾」。

Kelly 以此作為比擬屆齡退休的第三歲月（The Third Age），但同時也特別強調，第三人生和第三歲月不同，每個人只要活得夠久，都會有第三歲月；但不是活得夠久的人，都會有第三人生！兩者最大差別，就是**能不能擁抱新的世界，保持學習和成長，並且能保持社會參與，甚至給予貢獻，這才叫開創第三人生**。而要順利進入「第三人生」，懂得提前準備是關鍵。

先前提到因為人類歷史從沒有這麼老過，因此高齡領域內的所有事情真的都是以現在進行式的狀態日新月異。這幾年，英國學者安德魯·史考特（Andrew J. Scott）提出應突破三階段，提倡保持角色靈活變化，隨時自我累積的「多階段人生」（multi-stage life）。

其實萬法歸一宗，核心概念皆相同。也就是，無論是第三人生、多階段人生，或許未來又將再有其他的新名詞，最重要的是——你想過的是什麼樣的人生？持續保持覺察，為「韌性的自己」做好準備，我們就能擁有屬於自己的人生。

▍第三人生必備「創齡肌耐力」

「維持豐富心智生活的時間越長，就越能刺激各種活化大腦的程序，也越能保護我們免受退化的侵害。這種終身要

進行心智健身的概念，讓我們有更大的機會能維持清醒的
心智。」

——《大腦的悖論：一個神經心理學家眼中的老化大腦》

前面談過，要持續給大家洗腦的是，邁向第三人生，除了
身體的肌耐力之外，請記得關乎我們大腦、心智乃至於整體的
心理健康，該鍛鍊的正是——「**創齡肌耐力**」。

設計超過數百場的創齡方案期間，某一次我福至心靈發明
了「創齡肌耐力」一詞。讓人驚喜的是，我在 2019 年受臺灣的
英國文化協會（British Council）邀請，有機會前往蘇格蘭參訪當
時正在舉行的創齡藝術節——點亮藝術節（Luminate Festival），與
不同的團體進行交流時，第一天的茶會當中，藝術節總監安‧
格拉徹（Anne Gallacher）引言時提到了「creative muscle」即是將大
腦和心智視作「肌肉」，是可以透過創造力加以鍛鍊、累積並預
先為自己做好準備的。當下真的是有著英雄所見略同的欣慰。

關於「心智」健康的重要，神經科學家埃爾克諾恩‧高德
伯（Elkhonon Goldberg）曾於《大腦的悖論：一個神經心理學家
眼中的老化大腦》中談及藝術文化與心智的關係：維持豐富心
智生活的時間越長，就越能刺激各種活化大腦的程序，也越能
保護我們免受退化的侵害。將藝術作為創造力的媒介，正是提
供一個更具普及性、全面性且不偏狹、不職業取向的工具，用
以作為鍛鍊認知能力迴路的心智健身方法。

與此同時，與神經科學相關的「**認知儲備**」（cognitive
reserve）、「**神經可塑性**」（neuroplasticity）及近年來的神經美學

（neuroesthetics／neuroarts）研究，則是我認爲神經科學領域可以助攻創齡的理論基礎，這些都爲藝術可以提升心智韌性帶來更多的實證支持。「以藝術爲年老做預備」的觀點，不僅是活躍老化的延伸，更是近年來也備受關注的「健康管理」和「疾病預防」的發展契機。

▋流言終結者　到底什麼是「創齡」？

「每個人天生都很有創意，只不過在成長過程中，創意被忙碌的父母和老師抹煞了。」

——佚名

當我們開始正視藝術對活躍老化的重要，究竟「創齡」指的是什麼呢？

過往有些著作將創齡作爲開創第二人生、第三人生或是活躍老化的廣泛引用，然而必也正名乎，我們不採此一說法，而是專注於以英國、美國爲主發展的「創齡」（creative ageing／aging）作爲核心，正式掀開創齡的篇章。

先從說文解字開始，主要源自英美的「創齡」，在臺灣的中文表述也從原先的「創意老化」、「創意高齡」，近年來朝向「創意增齡」此一較中性的用詞，而這樣的用法在我來看，其實也更貼近於英文的原意——「有創造力地長大變老」。

其次，有人會誤解「創齡」是原有的「樂齡」族群新代換的名稱，但其實「創齡」指的是「行動」，而非指特定群體；然而

誰來創齡，也就是大多數參與創齡行動的對象，的確普遍情況中都以中高齡族群爲主，但是隨著各國對於高齡定義與時俱進的變化，不僅常見的「65 歲以上就是高齡」這樣的概念正開始鬆動，整體社會對於老年的想像也開始更多元。

因此若從促進世代溝通與擺脫年齡歧視的角度，回到創齡的英文——creative "ageing" 的廣義視角及思考老年的預備學習，**我認爲應當是每一個人，不分年齡層都能受用於「創齡」並參與其中。**這樣的觀點也確實在全世界，包含臺灣，都開始發展創齡代間計畫的走向中被加以肯定。

長期投入創齡以來，發現其實很多人都還是會有錯誤的概念，以爲一般的手作課，或是以材料包爲基礎，促成成果相似度極高的可複製模組課程，就可以稱爲創齡。縱然這些活動也有其存在的需求，但它們與**創齡方案**卻有著從基礎思考、方案設計到目標設定等全然不同的脈絡，**最核心的關鍵就在於——「創造力」的運用。**

看到這裡，我知道，你是否期待獲得一個創造力的完美定義呢？但是親愛的，這就是創造力迷人且重要之處，它無法被一言以蔽之，但沒有疑慮的是，**創造力是人類能力、經驗、觀點與智慧相互交融的最高表現。**長久以來，創造力的具體化通常會以「科學」和「藝術」的型態爲人所理解，然而論及「實用性」，大家可能就會把科學擺第一，相較於科學，藝術創造力的差異是什麼？又有什麼可取之處呢？

神經美學家塞米爾・澤基（Semir Zeki）認爲，**藝術與科學**

兩者在創造力最顯著的不同是，藝術透過美感歷程和價值分析呈現了帶有情緒面向的創造力表現。當我們以整體性來分析藝術創造力，甚至進一步追問「好處」時，先前提到的神經科學家高德伯直接以生物學的觀點說出許多人對藝術的看法：「藝術有什麼存在價值？」

高德伯很務實地順勢以相較來說「更有價值」的運動作為討論，他認為如果運動存在的理由是要鍛鍊身體和肌肉，那麼藝術存在的理由，正是要鍛鍊形成我們各種認知與感知能力的大腦和心智。正因為藝術有著存在於生物層面和認知層面，用於活化心智和感官的重要功能，藝術對人類社會和生存的功能和意義昭然若揭。

當藝術創造力的意義與長大變老相會時，緊接著，我們就可以更明確地談創齡的核心——**創造力在老年歷程的重要性**。

為什麼我們需要創造力？

「創齡」作為整合型的概念與行動，來自美國的跨領域經典人物——吉恩・柯翰（Gene D. Cohen）可以說是最佳代言人，他不僅是老年學者，同時也是國家心理康研究院的「老化研究中心」首任主任。此外，他也是提出「心理社會發展理論」之著名心理學家愛利克・霍姆伯格・艾瑞克森（Erik H. Erikson）的學生。然而，相較於艾瑞克森提出各階段是處於需要「解決危機」的論點，柯翰則認為**發展不應該受限於階段**，反而是隨著個人內在推力、生命經驗與事件的交織，各階段的發展皆是

交互以不同程度產生影響。

同時，柯翰也將艾瑞克森原先提出的成熟期更細分為
「四階段的成長發展時期」（約從 35 歲到 80 歲以上），並將
創齡導入這個時期，提出關於藝術與創造力對於中高齡的重
要性。

柯翰這位創齡實證研究的先驅，在 2001 年進行了一項至
今仍相當經典的創齡研究。他以**參與藝術課程對老年人的健
康與生活功能會產生什麼影響**為主題，募集 300 位年齡介於
65 到 103 歲的年長者，將人數對半，區分為實驗組及控制組，
實驗組須參與連續 35 週長期且穩定並具社交性的藝術課程，
並安排參觀博物館或美術館的課程；控制組則是僅回去過原本
的日常生活。分別於計畫前、計畫結束、計畫結束後一年，三
階段評估兩群體的健康狀況與社交功能。

這項研究獲得了期待中的成果，實驗組相較控制組有更少
的就醫比例，實驗組的參與者不僅健康狀態未衰退、保持穩
定，更有部分參與者的健康程度有所提升。這樣驚人的成果，
點亮了**「創造力能促進身心健康」**的新方向，更讓柯翰提出了
$C=me^2$ 的創齡方程式，其中 C 代表創造力（creativity）、m 代表
個人的智識總體（mass of knowledge）、e 代表經驗（experience），
且其更將經驗分成內在（心理與情緒）與外在（累積的生活經
驗、觀點與領悟）因而有 2 次方的出現。就在柯翰透過這項計
畫立下了創齡的發展可行性後，英國與美國也持續探尋符合其
社會演變的創齡價值。

創齡的統整型定義

我常說，早午餐有分美式和英式，創齡也是如此。美式創齡常見如「終生藝術」組織（Lifetime Arts）的「教學導向」，也因此他們會將帶領的藝術家稱之為「教學型藝術家」（teaching artist），並且開發許多臺灣人喜歡也熟悉的證照機制，從中建立具課程導向的結構，甚至有些也同時搭配參與活動後的回饋評量作為參考依據，整體而言，著重於模組的建立與傳遞。

反之，英式創齡總是帶有哲學性思考「人的價值」，無論在定義、形態、傳遞方式則相對多元，除了不以證照導向為思考，也不以單一原則定義創齡，相較美國，英國投入更多跨域的合作以及國際發展，也因此我們會看到滿山滿谷的創齡藝術節在英國出現，卻鮮少見到美國以藝術節的形式推動創齡。英國多數透過如「參與型藝術家」（participatory artist）的培力、創齡藝術節、複合式據點、社會處方箋（social prescribing）等跨領域創意合作，共同發展多元的推廣型態，著重於參與藝文活動當下「此時此刻」（here and now）所共創的體驗價值。

青菜蘿蔔，各有所好，想選擇哪種「創齡餐」，那就得先回頭問問自己：「我適合做創齡嗎？如果適合，什麼樣的型態是我深入研究後認為與自己信念相符的？」

無論英式或美式，好的創齡行動都是懂得敏銳地回應時代脈動。因此依據近幾年的觀察來看，目前兩者可能有的共同走向，皆是開始更著重於質性和量化的並進，且嘗試驗證創齡所帶來的「影響力」，特別是在健康與福祉上與研究實證的結合。

這部分我們也會在之後與大家進行分享。

　　然而無論你想選擇哪一道，回到臺灣，我明白大家總是習慣至少開頭有個方向可以前往，因此我嘗試一方面結合對於英國和美國的創齡研究，另一方面將自己設計超過數百場的創齡活動計畫的經驗進行萃取，爲創齡作了如下的定義：

　　「『創齡』是透過具創造力的方式和媒介（特別是藝術文化），以人爲核心，促進人們特別是長者，具備覺察自我並關照世界的韌性力，並且能藉此創造溝通與連結的路徑，建立有品質的老年生活。」此定義希望能完整涵蓋創齡的成分包含：

　　「要素」（創造力）

　　「取徑」（媒介／模式）

　　「受衆」（長者／每個人）

　　「時間」（長大變老的路上）

　　「影響」（具備覺察自我及關照世界的韌性力）

　　「目標」（建造溝通與連結的途徑／有品質的老年生活）

　　關於這些成分，我期待或許可以如同指南針一般，我們不僅可以試著在接下來的章節加以感受，更能提供你在未來的實際推動中有所依靠。

為何要有創造力？

「創造力」提供新的方法或策略，讓我們更貼近自己的情緒，學習解放年齡的自我束縛並對生活有愛。

每一個經驗都在改變你的大腦

肉體或許會隨著時間的增長而退化或消逝，但多元的經驗累積能持續建立新的神經元網絡。

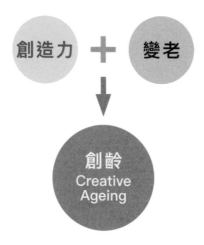

創齡就是：

透過具體創造力的模式和媒介（特別是藝文），以人為核心，促進人們特別是長者，覺察自我並關照世界的韌性力，創造溝通與連結的路徑，建立有品質的老年生活。

▌創齡全球綻放——從任務與宗旨探索核心眉角

「創齡是基本人權，而藝術是迎接活躍老化的最佳解方。」
——大衛・卡特勒（David Cutler），霸菱基金會總監

創齡並非橫空出世一下子就降臨在每個通往高齡化的國家。藝術與老年相關計畫在英美發展的時間約在 1970 年代，2010 年至 2019 年推動「藝術與老年人」十年計畫的英國霸菱基金會執行長大衛・卡特勒（David Cutler）於基金會的觀察報

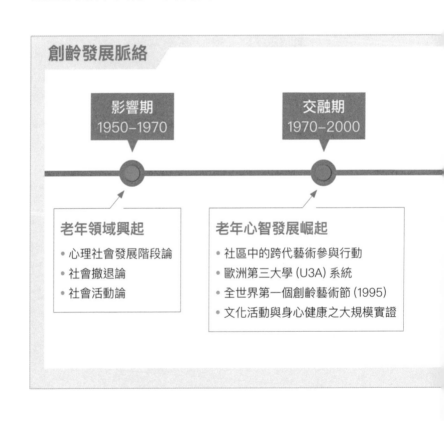

創齡發展脈絡

影響期
1950–1970

交融期
1970–2000

老年領域興起
- 心理社會發展階段論
- 社會撤退論
- 社會活動論

老年心智發展崛起
- 社區中的跨代藝術參與行動
- 歐洲第三大學 (U3A) 系統
- 全世界第一個創齡藝術節 (1995)
- 文化活動與身心健康之大規模實證

告中也提到：相關藝術行動於同時期在歐洲及英國逐漸浮現，這些計畫均非由單一領域所興起，而是從博物館、美術館、政府、民間、基金會等多面發酵，這也促使許多民間藝文團體開始推動老年與創造力的活動。

　　整合老年社會學、全球高齡化走向及自藝術與老年參與的交錯影響後，我將創齡的發展脈絡梳理出四個時期分別是：「影響期」、「交融期」、「聚焦期」、「成熟期」。

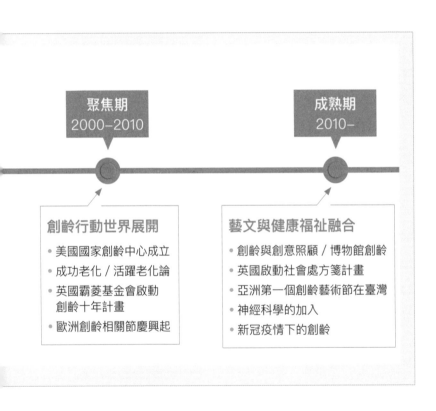

聚焦期
2000–2010

成熟期
2010–

創齡行動世界展開
- 美國國家創齡中心成立
- 成功老化／活躍老化論
- 英國霸菱基金會啟動創齡十年計畫
- 歐洲創齡相關節慶興起

藝文與健康福祉融合
- 創齡與創意照顧／博物館創齡
- 英國啟動社會處方箋計畫
- 亞洲第一個創齡藝術節在臺灣
- 神經科學的加入
- 新冠疫情下的創齡

「影響期」——老年研究興起（1950–1970 年）

在人類正迎接歷史上從未有過如此長壽的此刻，三不五時就會看到各種關於高齡的新聞，我們可能很難想像，曾有個「老人是稀有族群」的年代。當時也正值二戰後各國相繼復甦、生氣勃勃的集體氛圍，每個人想的都是如何衝刺接下來的人生，鮮少有關於老年的研究，不過仍有一群研究者提前留意到了這個近在眼前的趨勢，特別是從社會學的視角開始關注高齡化現象。

然而當時的發展舉凡社會撤退論、社會活動論、社會交換論，乃至於著名的心理社會發展階段論等等，都仍是將年老視作消極且被動的過程，更有如將老年看作現在較常用於看待青少年的次文化理論，這些都是古今對照後令人哭笑不得的。然而這些都是日後朝向整合性老年研究的重要發展歷程。

「交融期」——老年心智發展崛起（1970–2000 年）

當老年研究開始更積極地看待長大變老的動態演進後，伴隨歐洲第三大學系統的成立，各地推動起社區中的跨代藝術參與，以及吉恩・柯翰在美國推動的文化活動與身心健康的大規模實證研究。以「老年和創造力」為主軸，1995 年正式啟動的愛爾蘭貝爾丹藝術節以及受其影響的英式創齡逐漸抬頭，從此現象能看見各界思考老年不再只是聚焦在身體退化或醫療照顧，而是更懂得關注心理與心智的健康，並將藝術作為社會參與途徑的重要選擇。

「聚焦期」──創齡行動世界展開（2000-2010 年）

2000 年開始，當世界衛生組織揭竿起義提出成功老化、活躍老化論後，的確更有助於全球老年視野的高度提升。與此同時，美國國家創齡中心成立、支持老年與藝術結合的英國霸菱基金會啟動創齡十年計畫、歐洲各國相繼推動各種老年與藝術的節慶，這些具體行動，都讓創齡開始於各處遍地開花，進而香氣與豐碩成果也傳到了包含臺灣、日本、新加坡等亞洲區域。

「成熟期」──藝文與健康福祉融合（2010-）

隨著臺灣以文化平權爲基礎，於 2015 年出現博物館創齡後，創齡在臺灣來到了一個有頭有臉能被好好理解的開端，我和全國夥伴更攜手於 2019 年規畫創齡跨界論壇，並接續於 2020 年辦理臺灣首屆的創齡藝術節，讓跨域交流成爲創齡的臺灣實踐。

至今，全世界創齡的具體社會實踐更是走向多元化，包含失智或特殊疾病者的創齡參與、社會處方箋的出現、神經科學與藝術整合而生的神經美學，乃至於在新冠疫情危機下所出現的各種創意推動，都讓創齡走出場館，回應社會與時俱進的變化，擁抱這個世界。

這一路走來，「藝術」已開始轉化成爲行動的內涵，對外的倡議則開拓出訴求年長者的「創意」、「創造力」、「創造性」，逐漸邁向「創齡」。前面提過，理解議題或領域時，建議大家都

可以先以綜觀的視野感受起，藉由認識並理解一些指標推動，對於更深度的思考創齡是很有幫助的。因此，接下來我們將介紹幾個指標性項目和單位，以及它們各自的使命與宗旨，從創齡的多元樣態感知其核心精神，進而得以用更遼闊的視野感受創齡：

> 1995 年至今：愛爾蘭「貝爾丹創齡藝術節」(Bealtaine Festival)
>
> 2008 年至今：美國「終生藝術」創齡組織 (Lifetime Arts)
>
> 2010-2019 年：英國「霸菱基金會」(Baring Foundation) 的「藝術與老年人」十年計畫
>
> 2012 年至今：英格蘭「創造力時代」(Age of Creativity)
>
> 2012-2019 年：蘇格蘭「點亮創齡藝術節」(Luminate Festival)
>
> 2019 年至今：蘇格蘭「點亮」創齡組織 (Luminate)

愛爾蘭貝爾丹藝術節 Bealtaine Festival
「用藝術和創造力歡慶長大變老。」

來自愛爾蘭的貝爾丹藝術節成立於 1995 年，最早是由「年齡與機會」(Age & Opportunity) 藝術倡議組織的創辦人 Mamo McDonald、執行長 Catherine Rose 與愛爾蘭現代藝術博物館的 Helen O'Donoghue 及愛爾蘭電影學院的 Grainne Humphries 共同發起，目前由「年齡與機會」推動。「年齡與機會」主張**為老年人創造代表其文化的創意展現，透過具意義的參與，鼓勵每一個人隨著年齡漸長持續保有創造力，並且邁向更健康生活的權利**。該組織長期致力於愛爾蘭年長者創造力的提升，其中代表

作貝爾丹藝術節更是每年的國家創齡大事。

　　貝爾丹藝術節是愛爾蘭最大的藝術節之一，也是世界上第一個全國性的創齡藝術節。這個長青典範也激勵了蘇格蘭、英格蘭、芬蘭等等地區。

　　Bealtaine（貝爾丹）一詞從愛爾蘭語翻譯過來意指「五月」，而 Bealtaine 原本就是愛爾蘭傳統中會慶祝的節日，標誌著春分和夏至之間的中間點，並且預示著夏季即將到來。因此，為期一個月的藝術節每年於溫暖宜人的五月進行，就連疫情影響嚴峻的那年也從未停歇，不僅將危機化為轉機發展出「在家貝爾丹」（Bealtaine At Home）的線上藝術節，更從中展現許多充滿創意的實驗和嘗試。

　　評估一項行動是否具有深度，它的**使命、目標、內容和觀點**都會是很好的觀察資訊，通常我們會從它的次標題、宗旨和相關方案與合作單位等資訊去加以感受。「年齡與機會」作為資深創齡推動組織之一，以相當堅定、明確的文字，闡述核心宗旨：

- ◆ **鼓勵更多老年人參與藝術，並持續提高現有參與者所接近的藝術品質和機會。**
- ◆ **支持年長的專業藝術家繼續執業，並為他們提供更多發展和展示作品的機會。**
- ◆ **支持優先考慮（或預計優先考慮）年長者參與的藝術組織。**
- ◆ **提供代間交流的機會。**

◆ 就影響老年人的相關文化議題持續產生對話交流，同時影響國內和國際政策的發展。

而其所發展的貝爾丹藝術節在運作策略上，則有簡明的兩個主軸方向：

◆ **進行藝術節相關的策略與規畫：**
由「年齡與機會」藝術團隊策畫，處理藝術節相關的關鍵優先事項。

◆ **促成全國性創齡方案的發展：**
鼓勵不同地區中的各式各樣團體設計或組織與老年和創造力相關的計畫。

自 1995 年以來，貝爾丹秉持著藝術與創造力可以促進健康福祉和生活品質的信念，在藝術節期間與非藝術節的時期持續推動的努力已根植於許多社區，至今已在全愛爾蘭的城市、近郊、鄉村舉辦超過三千多場活動，影響至少六萬人以上，攜手合作的組織更是相當跨界，包括政府、地方當局、社區團體、藝術家、藝術組織、藝術中心、圖書館、劇院、畫廊、國家藝術和文化機構、管弦樂團、日照中心、安養機構及支持型的生活場域等。每年秋天，貝爾丹也會邀請合作夥伴參加聚會，藉以達到維繫交流、共享資訊、分享實踐心得以及對藝術節的感想回饋，有目標性地凝聚動力並提升老年與創造力領域及各種跨域的契機。

美國創齡指標組織：終生藝術 Lifetime Arts

「『終身學習』是百歲人生的關鍵原則之一。藝術學習為此提供了重要的連結。」

美國除了前面提到的吉恩・柯翰之外，Elders Share the Arts 創辦人 Susan Perlstein 與 Dance Exchange 創辦人 Liz Lerman 也是相當重要的指標性推動者，然而 Elders Share the Arts 已於 2019 年結束運作；美國國家創齡中心 (National Center for Creative Aging) 也僅存續於 2001 到 2007 年即宣告結束。

這邊要介紹的「終生藝術」組織正是接續成立於 2008 年，是美國現存推動創齡相當具有規模的非營利性藝術服務組織。在官網中他們清楚提到關於組織成立的宗旨、行動和使命：

「我們不將老年人定義成貧困、無能力或虛弱等種種過時且刻板的印象。而是提供正向積極且具現代社會性的藝術視角，藉以服務、激勵並吸引美國不斷增長的老年人口。我們也與所有倡導提供中高齡者 (55 歲以上) 創齡參與的方案進行合作，並且為有興趣在社會群體環境中，探索創造性表達的獨立成年人提供服務。」

「終生藝術」的使命有三個主要組成：

◆ 推動專業藝術教育計畫融入服務中高齡的組織，藉以鼓勵創齡。

◆ 協助教學型藝術家發展中高齡學習者的創造能力。

◆ 藉由增加以社區為基礎的項目，促進藝術作為終身學習的途徑。

總體來說，「終生藝術」是從藝術教育的模式出發，認為創齡是透過專業藝術教育工作者的引導，讓年長者藉由持續性具創造力的藝術參與，從中保持社會參與，進而促進健康與福祉。目前「終生藝術」除了持續辦理美國在地藝術參與計畫、培植教學型藝術家並接軌國際合作外，也推出線上課程希望讓更多人有系統認識他們所構思的創齡。

英國霸菱基金會 The Baring Foundation
「讓創造力成為遭受心理健康挑戰的人們生活中的重要影響。」

凡是談到具有理想性的倡議和行動如何能夠永續運作，每個人最先想到的可能都是——「資金從哪兒來？」當全世界創齡運動風生水起之際，多數都是擔任設計和執行的組織，霸菱基金會不僅是少數的資金挹注型組織，他們在創齡領域所給予的支持更是少見的同時具備廣度與深度。

歷史悠久的霸菱基金會，最遠可追朔到成立的 1969 年，從原本的企業附屬基金會轉型成為獨立基金會，1995 年開始由荷蘭國際集團 ING 持續給予支持。

該基金會一直關注三個主軸計畫：**藝術、國際發展和公民社會的強化**。同時他們也明確地在每個計畫揭示投入資金的原因。藝術類別的思考是：

「每個人都有發揮創造力並參與藝術和文化活動的權利。**藝術長期以來一直都是為人們發聲的重要方式**。現今整體社會正持續經歷心理健康的問題與挑戰，所需的正是更多理解和認

知的轉變提升，這正是藝術所能發揮作用的。因爲藝術不僅是讓人愉快、放鬆且感到有趣的，藝術更是恢復自信、建立信心和新技能的途徑。」

與老年藝術參與相關的創齡，即是被基金會歸類於藝術類別中；從 2010 年到 2019 年底，長達十年的時間，基金會以「藝術與老年人」爲主題項目，總計撥款約 600 萬英鎊，並通過與其他資助者（包括英國所有四個藝術委員會）的合作，展開全世界與英國合作的創齡方案。

基金會總監大衛・卡特勒也在這期間活躍於全世界的創齡活動。他在 2018 年受臺灣的英國文化協會邀請前來《共融藝術，創意高齡》臺英交流座談會分享時再三提及：「**創齡是基本人權，而藝術是迎接活躍老化的最佳解方。**」當時在現場的我也爲之深受感動。

整體計畫雖於 2019 年畫下十年的句點，然而基金會累積了不只英國，還有日本、德國、荷蘭、芬蘭的觀察研究，並於同年推出名爲《環遊世界八十大創意高齡計畫》報告書，分享基金會團隊這十年來的世界交陪。這份珍貴的紀錄，經過臺灣英國文化協會用心翻譯成中文版後，當時任職於《安可人生》創齡發展部統籌的我，也即刻與協會的藝術專案經理紀其伶及其同仁討論如何透過專題企畫的合作，讓豐沛的報告內容得以藉由主題精選和轉譯，更好入口地將創齡的價值傳遞給一般大眾。

雖然基金會的創齡階段性任務已經完成，然而下一個十

年，其在藝術類別的主軸則關注在「心理健康」，這項議題其實必然會觸及到老年族群，因此我們仍可以見到霸菱基金會在創齡議題上的支持和參與。更期盼同樣擁有充足基金會組織且動能十足的臺灣，有一天，終將會出現屬於我們的霸菱基金會。

英格蘭創造力時代 Age of Creativity
「創造力在不同的時間來到我們身邊，但必然是在正確的時間！」

這是來自英格蘭「創造力時代」在宗旨訴求上相當振奮人心的一句召喚。創造力時代最初是由霸菱基金會支持英國最大高齡服務組織 Age UK 在牛津郡的地區單位 Age UK Oxfordshire 於 2012 年所建立。他們倡導不僅應把中高齡的聲音納入，更是要與中高齡者透過創造力，相互激勵、挑戰年齡歧視，一同建立未來。

創造力時代成立以來，同樣致力於創造力與老年幸福感的相關發展，除了辦理藝術節外，更建立全國性的平臺網絡，提供創齡資源、知識、研究與實踐案例，同時也會辦理不定期交流聚會，促成業內的網絡凝聚。

目前每年的五月他們也舉辦「創造力時代藝術節」(Age of Creativity Festival)，慶祝並鼓勵英格蘭各地對於老年的創造力倡議和行動。五月期間，會有各式各樣實體和線上的活動，很多人或許會以為這是否只提供給有創意或有藝術氣息的年長者，但完全不然，創造力時代說：「你只需在五月做一些有創意的

事情——就這麼簡單。」且多數的活動不僅適合老年人，更相當適合失智者，可以說這些活動設計者從最初就已經將共融的概念好好放在心上了。

凡是在英國境內進行創齡計畫，無論來自藝術、文化、年齡、健康、護理或社區，都可以加入他們的平臺，同時這幾年創造力時代也開始進行更精準的推動，讓創齡的資源、研究和活動都能在這裡被彙整與查詢。若能持續保持動能，創造力時代正逐漸邁向英國創齡智庫的路前行。

蘇格蘭創齡指標組織：點亮 Luminate
「無論年齡，請永遠為值得充滿創造力的自己喝采！」

「點亮」是蘇格蘭目前最大的創齡組織，它的前身是 2012 年正式啟動的「點亮藝術節」，當時藝術節的成立也是受到愛爾蘭貝爾丹藝術節的激勵，希望鼓勵、支持和增加年長者的藝術參與，並特別觸及 75 歲以上的高齡者，因為根據他們的觀察，75 歲是中高齡者在藝術參與程度的年齡分水嶺。因此藝術節的目標明確地展現了全世界在邁入高齡時的共同課題，希望透過藝術能夠：

◆ 促成跨世代的交流。

◆ 開拓每個人在變老過程中的創造力。

◆ 藉由生命經驗分享交流變老對於每個人的意義。

2012 年到 2019 年，點亮藝術節執行了超過 2500 項活動，涵蓋音樂、舞蹈、戲劇、電影、視覺藝術、攝影及文學等。無論是觀眾、藝術家、參與者，不同年齡層、不同身心障礙的人們，都得以於藝術節期間在蘇格蘭全國各處的劇院、畫廊、音樂廳、博物館、美術館、療養院或社區中心參與各種創齡活動。

最後一屆的 2019 年，他們也不馬虎，更是將原本每年十月舉行的藝術節調整至氣候相對和煦穩定的五月，爲的是避開蘇格蘭又冷又暗的漫長寒冬，讓所有年齡層的人們，特別是長輩，都能走出來參與活動，這正是用心投入行動才會有的細膩觀察和自我要求。

2019 年，我與來自國藝會、果陀劇場、台北國際藝術村、弘道老人福利基金會以及從事藝術節目製作的夥伴，受臺灣的英國文化協會及紀其伶經理邀請，共同前往蘇格蘭參訪點亮藝術節。十多天的交流，不僅驚喜於種類、場域、型態的多元，更被他們思考創齡受眾的多元樣貌深深感動，許多策畫除了鼓勵中高齡和跨代共同參與之外，更有從失智長者、LGBTQI+ 的多元性傾向長者出發的創作參與，呈現了創齡的共融與無價。

「我們的目標是確保無論中高齡者自身的情況、經驗、興趣和抱負，他們的創造力都能得以蓬勃發展。」——「點亮」

其實除了藝術節當月之外的日子，「點亮」至今從沒有停歇，而是持續爲無法獲得藝術和文化體驗的年長者提供更多機會的外展項目。2017 年，「點亮」開始將重點轉向長期項目，當時即與 Unforgotten Forces 聯手策畫了爲期三年的藝術家駐村

於安養機構的指標項目，「Art Adventures in Nature」。前往蘇格蘭交流的那年，藝術節總監安‧格拉徹（Anne Gallacher）也帶我們拜訪全蘇格蘭最大的退伍軍人老年照顧組織 Erskine，同時前往位於 Bishopton，以失智住民為主的 Erskine Home。

當時也有機會與正在駐村的兩位藝術家進行交流，安也提到想參與這項計畫的藝術家是需要經過招募的，而且競爭激烈。這也給了安和團隊繼續深化長期項目很大的強心針，證明藝術家開始越來越感受到創齡的重要性和影響力，因此如何持續引導、鼓勵和支持這樣的需求就成了「點亮」日後的發展主軸。

拜訪 Erskine Home（照片來源：周妮萱）

「點亮」行路至今，保持的核心精神有：

◆ **創新：**
與個人和組織合作探索新的工作方式，藉以協助更多中高齡者參與藝術並發揮創造力。同時也分享從中獲得的學習，希望持續帶來積極且正向的改變。

◆ **發展創造性實踐：**
提供專業發展的機會，給投入和中高齡者一起進行創造性工作的人們以及老年藝術家本身。

◆ **隨著年齡的增長顯揚創造力：**
協助確保中高齡者豐富且多樣的創造力都得以被社會看見，並確保他們都能為自己身處的文化生活而發聲。

◆ **溝通和倡議：**
將人們聚集在一起，分享他們彼此關於創齡的知識和經驗；也倡導隨著年齡的增長，藝術和創造力的珍貴價值都能在生活中獲得重視。

「點亮」除了將過往所累積的經驗整合，轉型成為蘇格蘭最大的創齡組織外，期間藉由國際交流所開拓的經驗擴散，時至今日更影響了北歐、紐西蘭、澳洲、日本、臺灣、新加坡等國，其中，因為 2019 年的蘇格蘭參訪是如此的感動，回國後，

我便投入規畫 2020 年臺灣首屆創齡藝術節並擔任策畫統籌，辦理臺灣第一個正式以「創齡」命名的藝術節計畫。

2019 年參訪「點亮」（照片來源：周妮萱）

3 英國創齡指標型案例

Chapter –

「如果說我看得比別人遠，那是因為我站在巨人的肩上。」
——艾薩克·牛頓（Isaac Newton），科學家

　　前一章我們藉由「歸納」具代表性的標竿組織各自對於創意老化的思考，進一步以在地化時間的整合思維，提供臺灣夥伴應可理解的「創齡多元定義」。有了這些作為參考方向後，接下來，我們將從「創齡場域」和「創齡受眾」兩方面一睹具指標性的案例。全世界的創齡行動越來越彭湃，肯定無法一一為大家介紹，但仍希望透過精選的國、內外立基於長期推動基礎上的指標案例，提供讀者靈感、產生各自的啟發。

▌創齡場域：英國「圓滿實現藝術」Entelechy Arts
「如果能去藝文中心享老而不是去日照中心養老呢？」

　　「藝術能促進平等交流、團結社區。藝術更是為了讓來自不

同背景的人們得以相遇。」──「圓滿實現藝術」

「圓滿實現藝術」是位於英國倫敦以「參與式藝術」實踐藝術與社會對話的組織，目前由正值中高齡的大衛‧斯萊特（David Slater）擔任藝術總監。成立目的是因為**他們關注到社會上有許多被排擠被放逐的人，特別是老弱或殘病**，希望用藝術**讓老年人，特別是具社會疏離狀態的年長者，重新找回和社群的連結**，讓他們在變老的路上仍可與社會持續對話。

該組織以「平等」、「交流」、「彼此相遇」等關鍵字，設計能促進平等交流、團結社區的藝術行動。其中最為著名的是〈歡迎來到我的床邊〉（BED）藝術行動方案。此方案招募中高齡者成為表演者，在前期的內部培力是透過彼此的生命故事分享、物件意義交流、戲劇訓練，乃至於屆時現場衣著道具的製作，而最終的呈現是各自演出，不過整體而言是所有人一起共創的過程。

他們將長者臥床的狀態以戲劇結合類實境的方式，於熱鬧的大街、百貨公司、公園設置場景，促成來往的行人與演員（經招募培訓後的素人長者）和他們所代表的故事產生直接的互動，而「床鋪」正是他們相會的舞臺。這樣的演出不僅巡迴英國多座城市，更開拔到東京招募日本當地的素人演員（當然也是中高齡）進行呈現。

「倘若長者能夠去藝文中心享老，而不是到日照中心養老呢？」圓滿實現藝術總監，大衛‧斯萊特（David Slater）提出。

這樣的概念並非貶抑日照中心提供的服務，反而是站在藝術參與社會的角度，提醒表演藝術空間、藝文中心、博物館、美術館等，這些具跨世代匯集可能性的場域和藝術家，能夠進一步思考自身在超高齡社會的可能。

圓滿實現藝術多年以來已經推出了無數的創意型計畫，然而不甘於只有短暫的相遇，他們更與倫敦在地藝術文化中心亞伯尼（The Albany）合作推出〈相遇亞伯尼〉（Meet Me at The Albany）計畫，讓長者能夠真的實際定期來到一個藝文中心，透過藝術參與持續保持創造力並且維持社會聯繫。目前此計畫有〈Meet Me Choir〉、〈Meet Me Writing〉、〈Meet Me Making〉三項主題持續推動。

這樣的運用其實也正是回應了——「一百種人就有一百種變老的方式」，每個人的生命經歷都是獨一無二，且隨著社會變遷速度加劇，實情是，就連日照中心都要開始嘗試找尋自己的服務特色進而吸引人加入之際，**我們很難用同樣一套模式加諸在每位長者甚至老後的自己身上，那麼為何不讓這些早已存在於生活之中，但可能過往較常被民眾所忽略但充滿共融、交流與創意能量的地方，在接下來的時刻派上用場呢？變老的樣態是如此琳琅滿目、多采多姿，如何連結這些美好，藝文場域永遠是最好的對話空間。**

創齡場域：英國「沙德勒之井」Sadler's Wells Theatre 擁抱社會變遷的百年劇院

創立於 17 世紀，曾經多次來到臺灣且與不同舞團、組織皆有合作的沙德勒之井劇院，主要是以舞蹈為主軸，推動各式各樣的節目演出。走過將近三百年的歷史長河，沙德勒之井不僅持續探索各種與時俱進的舞蹈形式，也開始關注舞蹈作為社會參與的路徑時，除了製作節目、演出售票，還有什麼方式是身為舞蹈歷史上的指標場館可以持續引領世界、作為表率的？

1989 年劇院內部正式成立「年長者舞團」（Company of Elders），成員主要是 60 歲以上的中高齡者為主，除了少部分過去有習舞的經驗，多數皆來自各行各業且與舞蹈工作天差地遠的人們。沙德勒之井劇院的經理伊蓮·佛利（Elaine Foley）曾於 2019 年受國家兩廳院、英國文化協會和國家文化藝術基金會的邀請，分享他們如何從劇院出發，持續實踐創齡在舞蹈領域的可能；佛利認為藝術的推動很重要的是——創新，「**要創新，就要有多元性，不只是讓劇院成為所有人聯繫情感的場域，更能創造機會給每個人。**」

起步相當早的沙德勒之井，在過程中也累積關於舞蹈與年長者之間結合的益處，特別是在健康與社會連結上，因此這項計畫除了**透過舞蹈觸及活躍老化的議題之外，也從減緩帕金森氏症、預防跌倒等預防性的思考帶出舞蹈創齡的價值**，同時也

開闢嘻哈或雜耍等不同型態的工作坊。當全世界正邁向高齡化的此刻，下一個百年，相信沙德勒之井劇院仍會讓創新引領超高齡的世界。

▌創齡場域：英國「南岸藝術中心」Southbank Centre
從創齡藝術節到社會處方箋

位於倫敦的南岸藝術中心，不僅是英國國內規模相當大的複合式藝術文化中心，也是國際旅客造訪的倫敦重要景點。該中心的空間包含有藝廊、音樂廳、表演廳、國家詩歌圖書館，同時更常駐有六組交響樂團，整體南岸藝術中心所呈現的藝術內容相當多元豐沛，然而這樣任務繁忙的大型組織，除了辦理數不清的活動之外，他們也不忘持續關注社會的需求與脈動，並且思考藝術參與社會的可能，這從中心的核心推動項目包含「平等、多樣性與共融」、「藝術與健康」、「創意性學習的推動」、「環境永續性」、「創新性」便能一目了然。

南岸藝術中心曾於 2018 年在霸菱基金會支持下辦理了名為「(B)old Festival」的創齡藝術節，讚揚年齡作為藝術和文化的強大力量。藉由辦理舞蹈、音樂、文學、戲劇、視覺藝術等活動外，也以座談、工作坊和研討會等多元形式，將「年齡」的概念帶入討論中，探索關於年齡的文化視角及藝術在社會中所扮演的角色。此外，因為該藝術節希望能為 65 歲以上的藝術家提供支持，因此也特別著重於晚年創作和藝術體驗的影響，激發藝術如何在現代社會中持續探索和挑戰關於變老的

文化觀念。

　　雖然 (B)old Festival 目前為止僅辦理一屆，然而南岸藝術中心仍持續保持對於藝術與健康福祉的關注，更在 2019 年左右加入英國的社會處方箋機制，並且展開英格蘭國民保健服務（National Health Service，簡稱 NHS）所成立的「國家社會處方箋研究院」（National Academy for Social Prescribing，簡稱 NASP）的進駐與行動合作。

　　至此，南岸藝術中心真正實踐了藝術與健康福祉中最重要兩個領域──「藝術文化」與「衛福健康」的具體合作，並且於 2020 年疫情嚴峻的封城期間，與 NASP 共同展開了「郵寄藝術」（Art by Post）計畫，透過與藝術家共同策畫主題，並隨著不同主題郵遞發送主題小冊至申請者家中，當中更包含了長者照顧機構，讓受社會疏離感影響最劇烈的長者與身心俱疲的照顧者，都有機會藉以療癒自己。最終促成來自 4,500 名，從 18 歲到 103 歲參與者的共創合作，並且在疫情趨緩後，將他們的作品從南岸藝術中心開始舉辦藝術品巡迴展覽。

　　由於郵寄藝術在當時深刻地撫慰了許多人並獲得相當大的迴響，2023 年，南岸藝術中心接續推出「郵寄藝術：為我們的星球寫詩」計畫，讓人們提出申請，後續會收到由藝術家和自然環境保護工作者共同設計的小冊子，引導使用者運用詩歌、創作、環境觀察，藉由創造力支持健康與幸福感，同時與周圍的生活世界建立聯繫。

　　從南岸藝術中心的例子，我們看到了**藝術場域和館所如何**

身處於社會變遷浪潮下，依然保持開闊的先驅視野、清楚理解自身的力量，不僅可以是迎接遊客的觀光勝地，更可以是支持社會整體健康與福祉的精神之所。

▌創齡受眾：年長男性

英國惠特沃斯美術館的 「年長男性策展計畫」

無論你是設計活動的人，或是常參加活動的人，應該都會發現一個普遍的現象，那就是——「女性人數多於男性」，特別是需要有團體互動交流的活動。這樣的現象其實不限於臺灣，至少英國也是如此。

作為世界衛生組織認定英國首座「高齡友善城市」的曼徹斯特也觀察到這樣的現象，特別是在藝文活動參與中的性別差異。因此，曼徹斯特大學附屬惠特沃斯美術館（Whitworth Art Gallery）邀請來自各行各業的退休年長男性如公務員、老師、公車司機、工程師等，組成某種程度的策展團隊。五花八門的職業，卻有一共同特色就是：一生幾乎甚至從未踏進博物館或美術館且鮮少參與藝文活動。

館方邀請他們就自己有興趣的主題、擅長的工作任務進行策展，最後的展覽目標只有一個——「吸引那些和你們一樣這輩子沒來過美術館或博物館的男人走進來！」

這項計畫的結構相當明確，涵蓋研究、活動、工作坊、出版與展覽，最後更編撰了《年長男性文化參與促進手冊》（A Handbook for Cultural Engagement with Older Men）與世人共享。

該手冊明確指出，藝文活動中男性的缺席其實有其背後的社會文化因素，例如：

男性被賦予的角色就是「專注於職涯發展」，而不被鼓勵維持自身的創造力。

投入需要社交的特定活動會讓人感覺「不夠男子漢」。

此外，館方也在共創的過程發現許多過往藝文推動的盲點，例如大部分活動的行銷推廣可能因實際狀況就是女比男多，因此拍到的照片或是整體印象總是會讓女性成為主體，當時的美術館藝術參與項目經理艾德‧華茲（Ed Watts）受邀來臺灣分享時就提到：「宣傳海報上幾乎都是女性、男生寥寥可數，這也讓男人們覺得這不干他們的事。」

經過跨域和充滿創意的合作後，最終這場展覽據說創下美術館開館以來最多的男性參與，計畫團隊也樂於將這樣的成果與全世界分享。手冊中除了介紹計畫的研究與執行內容，更提出幾點關於思考男性在活動參與的規畫建議：

- ◆ 賦予男性們明確的活動目的。
- ◆ 創造可產生交流的自在氛圍。
- ◆ 多多運用團體領袖的號召力與口耳相傳的宣傳力。
- ◆ 鼓勵創意並賦權給參與者們。
- ◆ 保持彈性且支持並建立參與者的自信與成就感。

在臺灣，我也根據自身經驗補充關於男性長者活動的幾項觀察建議：

- ◆ 宣傳上盡量不預先揭露或強調社交與互動的安排。
- ◆ 提供完成參與後的鼓勵機制，例如作品、呈現、證明或獎勵。
- ◆ 打造讓參與者可以有機會透過鼓勵機制分享給更多人知道的「舞臺」。

男性長者的心理健康議題在這幾年也逐漸開始被各界重視，作為創齡和藝文教育工作者，我們如何能夠從臺灣男性長者的生命脈絡開始，透過水平思考觀察某些男性長者相較之下較願意參與的活動（如運動、單車、登山），取其可運用之處轉化成為參與藝術文化的誘因，這些都是相當重要且值得探索的。

創齡受眾：失智長者

英國 Living Words 用藝術「放大」失智者原有的聲音

聽到失智症，你會想到什麼？請你試著拿起紙和筆，寫下對失智症或稱認知障礙症的五個關鍵字（但千萬別寫在書的空白處）。

「愛」

「情感」

「創造力」

這三個名詞是你會聯想到的嗎？

創齡生涯以來，英國的創齡思考哲學總是引領著我的設計思考。我接觸或是研究的每個英國創齡推動者總會說：「人永遠停留在失智之前。他是人，只是他以失智的狀態生活著（people living with dementia）。」他們也會說：「我們是和失智者一起推動（work with them）。」甚至當我刻意問起為什麼要用藝術為失智者發聲時，他們對我說：「我們沒有為任何人發聲。我們只是嘗試用藝術『放大』每個人與生俱來都有的聲音。」

「放大」（amplify）每個人與生俱來都有的聲音。

或許就是英國創齡如此以人為本的思維，正與服務設計的核心不謀而合，同時皆是我所深深認同的，因此一有機會我就會持續深入他們在創齡上的行動，深入的不是教案怎麼寫（英國創齡也不夠資本主義，不流行規畫教案順便開證照班），而是「精神」和「意志」鍛鍊下的脈絡與行動。

2019 年，在臺灣英國文化協會與國家文化藝術基金會的共同協力下，國家兩廳院以「老派聚場」為主題，邀請英國相關組織來臺進行分享，並辦理了三場工作坊：分別由「圓滿實現藝術」（Entelechy Arts）的藝術總監大衛・斯萊特（David Slater）帶領「戲劇工作坊」、「沙德勒之井劇院」（Sadler's Wells Theatre）經理人伊蓮・佛利（Elaine Foley）帶領「舞蹈工作坊」、「Living Words」創辦人蘇珊娜・霍華德（Susanna Howard）帶領「聲音工作坊」。

當時我選擇的是蘇珊娜的工作坊，蘇珊娜成立 Living Words 的初衷是希望藉由藝術家與失智症者的深度合作，立基在失智者仍有的各種感受之上，透過長期的傾聽和理解，建立彼此共創的內容，之後藝術家再運用自身的能力，就該內容以不同方式呈現，有些以音樂、有些以饒舌、有些則以戲劇展現，不僅顛覆一般大眾對於失智的誤解與刻板印象，更**成為失智者與照顧者最深刻的溝通和同理橋梁。**

那場工作坊是我很大的啟蒙，蘇珊娜除了介紹藝術家如何與失智者建立關係的方法外，在工作坊初始，她就先引導了許多如「空間」、「傾聽」、「注視」的練習讓大家嘗試感受。

「我們會先訓練藝術家並與他們溝通，讓他們理解一旦來到失智者的身旁，重點是專注在彼此共度的『此時此刻』，不是失智者過去的豐功偉業或痛苦經驗。我們要做的就是**不要離開、保持空間、保持陪伴，和他一起呼吸。**」

近幾年來，Living Words 團隊將相關方法建構出「大聲傾聽」(Listen Out Loud) 系統，培訓教育推廣工作者、機構照顧者得以在完整的訓練機制後加以運用。同時團隊也成為以藝術和科學探索人類價值的「正常嗎？大腦藝術節」(Normal? Festival of the Brain) 之共同主辦單位。

「**醫療看的是病，而我們用藝術做創齡，看的是一個人。**」這是蘇珊娜留給我至今仍堅定信守的意念。

※ 後記補充：

在此分享的相關案例必然不可能會是全部，目前全世界的創齡方案仍持續累積中，特別是英國，無論藝文場館或組織，除了因疫情帶來了新的嘗試，加上社會處方箋的急速推動，整體都讓英國的創齡發展更朝向「藝術、健康與福祉」(arts, health and well-being) 的整合研究。

4

臺灣創齡發展與變遷

Chapter ----------------------

▌ 推開臺灣創齡之門

「創齡的本質則是要藉此誘發每個人與生俱來的創造力和想像力。」

——安・格拉徹（Anne Gallacher），
蘇格蘭點亮藝術節暨創齡組織總監

　　猶記得那年參訪蘇格蘭的點亮藝術節，最後一天忍不住請益當時全程陪同的藝術節總監安關於在臺灣推動的挑戰，「對於許多臺灣人而言，從小到大，大考前第一堂被數學或物理老師借走的課，往往不是音樂就是美術課，請問創齡的本質就是藝術嗎？這樣我實在很難說服臺灣人……。」

　　安笑著回我說：「我懂你的爲難，其實在英國也是這樣。但我認爲創齡的本質不是單指藝術，藝術和有創造力的活動是個媒介，創齡的本質則是要藉此誘發每個人與生俱來的創造力和

想像力。」帶著安撫慰我心且睿智的回覆回到臺灣，思考創齡下一哩路之前，我們應當先理解這一切的過去、現在與未來。

對多數人來說，具創造性的藝文方案仍被視爲僅有娛樂消遣之用的活動，特別是對象爲長者時，多半認爲比起運動，藝術文化的參與更屬可有可無的添加物。然而 2012 年文化部提出「文化平權」概念及相關論述，將藝術作爲權利從政策高度向下落實後，讓藝文參與不僅正式成爲國家推動的主軸，更同時開啓了通往創齡實踐的大門。

關於創齡一詞在臺灣的正式現身，到以此爲推動的指標場館有哪些，以及創齡計畫如何從最初的單次型推廣活動爲主，隨著臺灣社會發展與時代需求，而開始走向建立議題、聚焦參與受眾、到內容轉譯能力的著重，我們都在這一章試著一起走過。

2012 年文化平權被明確提出後，許多藝文場館都開始嘗試規畫中高齡者的活動參與。2016 年由文化部委託國立臺南藝術大學劉婉珍教授集結跨域組織所啓動的「博物館創齡行動聯盟」，可謂是臺灣首度正式以「創齡」向社會倡議「老年藝術參與」價值的重要開端。雖然令人遺憾地，行動聯盟最後隨計畫於 2019 年五月 4 日告終，不過沒有任何路會白走，其影響了包含我在內的許多跨領域工作者，啓動了人們對於文化藝術與老年更深刻連結的可能發想和期待。

有了這樣的契機，全國博物館、美術館、表演藝術中心等場域或館所（後均簡稱爲「場館」）無論是否直接使用創齡一詞，

都開始發展屬於自身的中高齡者藝術參與活動，也因為不同場館有其特定的典藏、展覽、節目、演出等具創造力的媒介，因此促使相關計畫較能以具創造性的方式開展，並逐漸從場館擴散至他處，創齡的概念因此開始被非藝術文化直接相關——教育、衛福、醫療的領域所認識。同時，也促成民間藝術組織與各場館的創齡合作，更有地方政府如臺南市政府文化局所舉辦之「新營藝術季」，其雖未以創齡為名，但已有創齡之實。

這樣的改變也促成了臺灣與英國的創齡交流。與此同時，為了能夠建立多元對話的平臺，我於創立「臺灣創意高齡推動發展協會」後，攜手跨域夥伴進一步統籌策畫 2019 年「創齡在臺灣，一起找夥伴——2019 創意高齡跨域實務專業論壇暨行動工作坊」、2020 年「臺灣創意高齡跨域實務專業論壇」，以及集結全臺灣跨界場館和高齡組織所舉辦的「臺灣創齡藝術節」，目的正是希望透過跨領域的交流，推動臺灣創齡的永續可能。

2020 年「臺灣創意高齡跨域實務專業論壇」（照片來源：周妮萱）

▌臺灣創齡指標性場館與其推動軸向

　　藝術既然是創齡的重要媒介，那麼在相關活動方案的規畫中，特別是如前述擁有豐沛創齡媒介的藝文場館，要如何就不同的藝術型態加以運用即成為關鍵。傳統的藝術類型主要有八大類：繪畫、雕塑、建築、音樂、文學、舞蹈、戲劇、電影，縱然隨著時代演進，藝術類型也不斷演變，但核心仍不脫這八種樣貌；此外，這些藝術型態也大致可再被群組化為表演藝術（音樂、舞蹈、歌唱、電影）、視覺藝術（工藝、設計、繪畫、攝影、雕塑、建築）、文學藝術（寫作、閱讀）。

　　然而這三組並非彼此互斥，如實務上亦有將音樂納為表演藝術，而電影則是跨此三組類別的型態運作。臺灣與創齡相關的計畫，由於如同前文提到──藝文場館成為創齡資源發揮的重要場域，而這些場館也多以視覺藝術或表演藝術為主，因此接下來就從這兩大類別進行指標場館和計畫的介紹。

　　就視覺藝術領域來說，創齡內容的大宗仍是以「展品」結合「創作」的雙軌型態，然而，要能發展出跳脫勞作、才藝、或模組化的制式參與，推出具創齡精神的藝術文化活動，則需要相當高度的轉譯能力，甚至也需要加入外部專業者共同合作規畫。

　　有這樣美好的跨域合作光景誕生，主要是這幾年以視覺藝術為主的場館開始進行常態性方案推動，因而得以進一步導入多元合作思維的共創可能，此類之相關計畫目前仍存在的有：國立臺灣美術館就失智長者所進行的「失智友善美術館計畫」

與具美術館取向的藝術教育治療的推廣專案、國立臺灣文學館的「創齡與失智社群文學資源箱計畫」、國立臺灣歷史博物館的樂齡專案、國立歷史博物館的「創齡寶盒」、國立故宮博物院的樂齡計畫等，進而逐漸影響包含私人場館與地方型場館之創齡方案規畫。

表演藝術領域則以國家兩廳院為指標型場館，自 2015 年推出以中高齡族群為主的「樂齡計畫」，其內容包含邀請樂齡者進到場館參與工作坊之外，亦有以文化近用為出發點，落實文化基本法第五條中所規定的「人民享有參與、欣賞及共享文化之近用權利」，將表演藝術課程帶至全國各地，進行單次型的「兩廳院走出去」Outreach 推廣體驗，讓樂齡者享有接近、親近文化藝術的權利。

此外，伴隨臺灣社會結構變遷與中高齡樣態的持續變化，近年來，我除了從表演藝術如何作為世代溝通媒介和多層面的照顧關係之角度，協助國家兩廳院研發「青銀共創計畫」，進行「演出欣賞與議題工作坊」、「節目呈現結合排練與議題工作坊」的形式，更發展結合家庭照顧、自我照顧、志工服務等探照社會發展需求並建立共融交流的「青銀共創工作坊」，且藉由到各縣市的計畫分享暨體驗工作坊、青銀共創分享會等方式，讓創齡教育推廣的策畫思考可以更廣泛的交流。

除了上述談及視覺藝術與表演藝術在創齡活動的發展與嘗試，身為創齡實務工作者，多年來感受到臺灣創齡發展在環境上的複雜程度明顯提升，一方面因整體社會對於高齡議題有了

更豐富的討論和多元的觀點，甚至間接影響政策；另一方面，推動創齡的場館組織之內部也在政策或補助驅動下顯現不同的需求。

兩者彼此交融必然產生交互影響，實務上，這些變化也都會影響資金、資源、人力的占比和配置，倘若只是一味地順應眼前需求而沒有思考計畫的目標初衷、參與對象、預期效益或影響力，那麼作為計畫推動者將有可能在這過程中迷失而不自覺。對於這樣的擔憂，近幾年我即與許多場館的計畫主責者開始討論相關的因應，其中即包含創齡計畫推動的再思考。

作為外部專業合作夥伴，我將服務設計引入教育推廣現場，結合場館夥伴對於自身場域的專業掌握，共同策畫創齡推動的下一步。經與不同的場館夥伴交流後，發現無論什麼樣類型的場館，當我們在思考創齡的未來時，「**藝術如何回應社會的需求與變遷**」是大家明確的共同目標，因此我們將這樣的目標具體運用在「計畫的核心議題」和「計畫的參與受眾」。

議題上，從原本的老年藝術參與、博物館創齡、失智友善博物館，延伸到青銀世代溝通及家庭照顧者的身心健康。計畫的參與受眾也從原先多以健康型長者為主體，擴展至失智長者與照顧家屬、青銀或幼銀代間等。因此，我自己在許多與場館合作的計畫內容也開始呈現多元的樣態，從志工及館員的創齡培力與方案設計策畫，到以創齡為內容的策展等，都是為了**與時俱進地回應臺灣社會在邁向超高齡的路上仍不忘關於世代共融的永續價值**。

此外，也因有上述的持續演變，對於籌辦與執行計畫的工作者而言，內容設計與溝通型態更必須發展出相應的方向，這是相當關鍵的核心能力，我將之稱爲「轉譯力」。所謂的轉譯力，除了具有敏銳觀察和方案設計的能力之外，**也要能將計畫的脈絡從大到小、也由小回大，進行系統性（包含內容結構設計、推展層次，和實踐方法等）的全盤考量，方能在整體計畫推動中**，保持初衷與目標，得到期待的成效。

雖然至今臺灣尚未有如國外將藝術活動結合研究計畫，藉由跨領域合作的力量，展現如柯翰及其他學者提出之觀察成果——藝術和創造力可爲個體帶來情緒調節及社會支持，然而隨著這些年創齡的能見度逐步提升與上述提及的思考面向大幅擴展，讓我在創齡推動上得以累積更多能被深化運用的資料和工作方法，其實，這也是我與合作夥伴出版本書最大的初心，就是希望這些珍貴的經驗能被妥善整理，成爲未來臺灣進行創齡的跨域實證研究的重要基礎。

創齡臺灣的挑戰與未來

「教育本身就意味著一棵樹搖動另一棵樹，一朵雲推動另一朵雲，一個靈魂喚醒另一個靈魂。」
　　——卡爾·雅斯貝爾斯（Karl Theodor Jaspers），德國哲學家

這些年來，身爲創齡研究者同時也是實務推動者，我有幸與全國許多地區、不同規模、多元領域的創齡夥伴們一起共

事，然而也同時感受著創齡工作所面臨的諸多挑戰，其中來自於「環境」和「意識」的系統性問題往往最為難解：

經費來源與效益評估的進化

承前述，創齡相關計畫倘若想擺脫煙火式的活動辦理，朝向跨領域合作，發展具影響力的深度及規模，那麼經費的多元挹注和穩定度是關鍵基礎。目前在臺灣，多是從政府單位如文化部編列預算給各場館開辦計畫，或有自行執行，亦有偕同外部專業單位共同策畫。

除了文化部外，我曾參與的創齡推動則有機會以「高齡友善城市」或「失智友善社區」等議題來設計，是故在經費上便加入了衛福部體系的支持，間接來自政府部門者，則有如財團法人國家文化藝術基金會編列之共融藝術專案。未來或許臺灣可借鏡英國及美國這兩個創齡發展先驅國家的作法，除了政府單位的支應外，亦可整合加入公益彩券、基金會、信託組織等多元經費。

從經費衍生的現況挑戰則是關於成果及效益在檢視上的過度量化導向。創齡及其他立基於「平權」和「共融」的教育推廣計畫通常需要深度策畫和長期執行，且通常要透過質性觀察方能展現其影響力，倘若以過於著重「人次」的量化檢核方式加以評估成效，這樣的運作不僅無法回應全人的核心精神，更會對推動現場帶來許多制度上的困境，這項挑戰其實不只存於藝文界，從衛福、醫療、長照、到教育，凡是各領域中需要透過

教育或社區推廣傳達資訊或提升意識的主責單位，都會面臨這些來自組織內外的困難。

然而走在創齡教育推廣的現場，「一百種人，就有一百種長大變老的方式；一百種人，就有一百種失智的狀態。」過去的經驗中，無論是與健康型長者、失智長者、或是跨代參與者一起共創時，我都能從每位夥伴身上感受到獨一無二的創造力和世界觀，這樣的質性感受，常會因無法具體量化，而讓計畫團隊的執行成效被加以「檢討」。**如何在整體目標的導引下，進行質性與量化的權衡？質性效益是否可透過日漸受重視的影響力評估而具體可視化？**這都將成為臺灣發展創齡持續的挑戰和未來。

跨領域合作環境與推廣人才專業意識的缺稀

「全人」一詞至今已被醫療、教育、文化等領域所熟悉，甚至一般民眾都能有所理解，然而往往到了真實世界時，總知易行難，跨領域的合作向來更是如此。以「長大變老」作為核心論述的「創齡」，其推動更是需要建立在全人、全程的思維：從健康、亞健康、衰弱、到失能失智的預防和照顧、乃至於照顧者的身心安適如何調節。當參與對象的範疇擴大，需攜手合作的範圍也必然會有機會擴及至教育、衛福、醫療、勞動等等。這樣的「跨」思維，我認為是在推動「創齡」時必然需掌握的核心，更應從中感受其重要性和價值。

然而回到推動現場，跨域工作者如何懷著自身對特定族群

（例如不同年齡、健康狀態、乃至生活型態）的專業認知，在推廣計畫遇見跨域的夥伴時，依舊懂得彼此尊重、平等溝通、建立穩定共創模式，而非僅停留於各取所需，實是執行創齡計畫中常見的挑戰。

其次，創齡推動的確仰仗不同型態的活動內容，但依據我長年置身於教育推廣現場的觀察，「活動」（activity）一詞的使用，會讓關係人包含參與者、推廣者、引導者、甚至績效審核者產生「辦理活動非專業工作」的迷思。目前國內多數與創齡相關的文化平權業務多在場館或組織的教育推廣或公共服務部門，然而這些站在第一線拉近與民眾最直接距離且為社會建立平權友善意識的單位，卻經常是整個場館最不受到重視、甚至被認為沒有專業的雜事部門，教育推廣專業工作者更被視為「只是辦活動的人」。

這樣的輕視，長年以來正逐漸耗損教育推廣工作者的熱情，更會造成後繼新血對於教育推廣或公共服務專業的偏差和誤解，讓人才培育的動能無法提升，甚至殆盡速度也令人相當擔憂。

因此，近年來，我與合作的場館夥伴都盡可能以「方案」（program）的角度出發，用目標導向及系列深度參與的設計，同時搭配「影響力」的成果作為價值輔助。這樣所設計出來的方案，都非煙火型的一次性參與感，不僅能讓計畫的關係人包含團隊、參與者、合作者皆有更深入的共感與品牌認同之外，對內也能在團隊和組織中建立教育推廣的良善氛圍，成為邁向

建立專業意識的基石，而能對社會整體產生永續之效（也應當永續，畢竟每一個人的不變共通點就是都正在長大變老的路上）。

即使眼前有著許多未解也難解的挑戰，但長路總有光，特別是在歷經了對世界帶來深厚影響的新冠疫情後，從國際發展的方向放眼望去，創齡下一哩路，令人驚喜地，似乎邁向了當初我投入的最初起點——「藝術文化與健康福祉」。因此，創齡不僅為高齡社會照顧議題帶來新時代「文化照顧」的契機，更連結了老年研究的新興發展，如社會處方箋、神經科學與神經美學、創造力與健康福祉等。

這一站旅程的最後，當我們開始認識到創齡如何作為新時代健康老化的取徑之際，想邀請你從幾個面向讓我們共同思考：

- ◆ 作為個人，是否理解到完整的健康包含了身體外更當含括心理及心智？

- ◆ 作為教育推廣者，是否已理解自身的目標和價值，並且建立與時俱進的轉譯力？

- ◆ 作為跨域合作者，是否能站在尊重彼此專業基礎上與教育推廣者建立夥伴意識？

- ◆ 作為政策制定者，是否能以全人的質性視野，不僅支持內部團隊，更能促成平等的外部合作關係？

這些都不是一朝一夕即能產生變化或進展，但千里之行，肯定始於足下，創齡之於老年健康，不是未來，而是現在。

旅程筆記

✎ 教育推廣不只是辦活動，更能為個體發展及社會共融帶來深厚影響力。

✎ 接近藝術能顧身心，參與需與他人產生連結的深度藝術方案效果更佳。

✎ 良好的創齡設計，能讓我們學習到覺察自我和關照世界的能力，進而為自己建立有品質的活躍老化第三人生。

✎ 我們用藝術做創齡，看的是一個人，一個完完整整、有名有姓，有過去、現在，更有未來的人。

第**2**站

創　齡　的
藝　術　媒　介

成功開啟創齡的大門後，旅程第二站，將爲大家介紹不同藝術媒介的創齡實例。在過往推動創齡的路上，無論是什麼樣的場館性質、無論在臺灣的哪個縣市，我都深深感覺，沒有什麼樣的藝術媒介不能用來進行創齡設計。

因爲這些媒介如同具有魔法的道具，只要能經由具「轉譯力」的設計者，可能是我們這些藝術教育推廣工作者或藝術家，甚至是有能力的個體，都能產生影響力，通往不同的創齡世界。

在這一站提及的媒介包含視覺、圖像、文學、音樂、聲音、戲劇、舞蹈、攝影等。最重要的是，這個章節特別是給不以教育推廣工作爲職業的每一個人，希望這些透過章節中的「藝術媒介道具」，讓每個人都能願意試著嘗試看看，但當然的，如果是參與經過深度設計的教育推廣活動，就更能感受這些道具帶來的深刻效果。

其次，魔法道具發揮後，當然希望得到魔力的驗證，因此我也會在這個篇章加入「藝術與健康福祉」的觀念，分享不同

的藝術媒介帶來的具體影響。但請永遠記得，不要僅依賴單一的藝術項目，而是要保持「雜食」，因爲人類的感官原則上在同一時刻，會共同接收來自外在的「訊息」，因此無論使用的是什麼樣的媒介，可能都將同時影響多個感官，更不用說常見的是複合式媒介能帶來的刺激更是具整體性，也就是若想要用藝術顧身體，請記得永遠做個專業的雜食者。

每項媒介的最後都會進行推薦，推薦的這些組織或個人都是多年來我腳踏實地觀察且合作過的。由於性格上的潔癖，沒有實際合作或理解過的人事物，我都無法進行推薦，也希望這一點小整理，能讓大家有機會跟這些夥伴一起創齡雜食。

接下來，就讓我們一起來認識能施展創齡魔法的藝術道具吧！

1 搭建藝術與內心的橋梁

▎藝術永遠迎接每一個人

「無論你未來是什麼樣的職業與命運，一旦你的內心有片是用藝術耕種的心田，你就得以一生受用無窮。」

——傅雷，藝術評論家

當我們注視著眼前的畫作、聽著喜歡的音樂時，我們是如何覺察它的「美」或「醜」呢？請摸摸你的腦，這茫茫腦海，是否真的存在有感受「美」的島嶼呢？

答案是肯定的。

「我從小畫畫就很差，不會畫。」

「跳舞？不要啦，我不會。」

「去美術館？看不懂啦。」

「去看表演？看不懂怎麼辦？」

「不然凱特你選一種最有用的藝術給我好了。」

推動創齡以來，如果遇見的是對藝術文化較少接觸的中高齡，上述這些回應可以說是我蒐集到的前五名。然而這當然不代表全體人類，我也曾遇過因家境艱困而無法就讀國小受教育，更別說在生命經驗中能接觸藝術的 8、90 歲夥伴，然而他們在老年時，不僅有著一雙喜歡創作的巧手，更享受博物館、美術館和欣賞演出所帶來的樂趣。

我相信一生的經驗會影響將來看待世界和自己的模式，但我更相信只要抱持開放的心，我們永遠能讓藝術成為陪伴自己最重要的力量。

所以，無論你對於藝術抱有什麼樣的想法，只要你也期待與藝術相會，那麼就藉由接下來即將提供給大家的一些心法加以嘗試，我可以保證，這是你一生中永遠不會後悔的選擇。同時，這些心法也能成為創齡工作者在運用不同媒介時可以留意的地方。

▓ 「親近藝術不害怕」 指南

「如果試圖改變一些東西，首先應該接受許多東西。」
—— 尚・保羅・沙特（Jean Paul Sartre），法國哲學家

美國國家公共廣播（NPR）在名為〈Don't 'get' art? You might be looking at it wrong〉的分享中，提出了幾點與藝術建立有意義連結的方法，我則進一步依照符合臺灣民情的創齡經驗，依照

順序進行調整並加以補充說明。不妨找一天帶著它們，一起出發與藝術相會吧！

1. 如何選擇？從和你興趣相關的博物館、美術館或表演開始吧

興趣是對自己最有影響力和驅動力的萬靈丹。如果你以前是從事裁縫，那就找一間與織品或衣飾相關的博物館、美術館或是相關的展覽；如果你對於生態有興趣，那也可以欣賞一場以自然環境爲主題的演出，感受它與你的連結。從自己出發，就是最吸引人的。

2. 出發前的準備？只要抱持開放的一顆心就夠了

出發前，不要對即將看到的東西有先入爲主的觀念，更千萬別在過程中認爲藝術有對錯，或者認爲自己看得懂或看不懂。或許到了現場有些展覽或演出可能出乎你意料之外（相信我，這是很正常的），然而這一切都沒有關係，當你爲自己踏出這一步，就讓自己隨著心的感受去流動，你可以喜歡它、你可以討厭它、可以哭泣、生氣或大笑，全都操之在己。這顆心，只管把它打開。

3. 踏上旅程，給自己適量的沉浸時間即可

無論是去到美術館或是看場演出，一旦選擇了你想去的地方，請記得不要想走馬看花通通吃下，而是給自己適當的時間，專注在當次你預先期待的主題即可，因爲倘若想貪心一次

「吃到飽」，最終你會爲自己帶來「訊息過載」的疲倦，難以專注又兩手皆空。

4. 變換角度，讓藝術成為情緒的渠道

嘗試以不同的視角欣賞藝術。如果發現某個創作或是某個演出段落特別引起你的情緒變化，在旅程結束後，不妨透過文字或錄音暫時記錄下來，當下還無法釐清引動你情緒變化的原因，或甚至搞不清楚到底看了什麼，這也都是很正常的，別擔心，我們生活中發生的事情會影響對作品的感受，有一天，我們自然會在某個時刻，拾獲連結的誕生。

5. 深入觀察，真正感受藝術

爲什麼不是透過電腦或手機螢幕去瀏覽畫作或觀看演出呢？因爲當藝術實際出現在我們眼前時展現的各種感官傳遞，是數位裝置所無法取代的，這點是有科學證明的！

倘若你是去到博物館或美術館，也可試著後退幾步，或是從不同角度觀察作品：

質地：表面的外觀（大小、顏色、明暗、構圖）

移動：創作的路徑（方向、快慢、節奏、距離）

感知：整體的氛圍（視覺、聽覺、嗅覺、味覺，或許偶爾也有觸覺）

「他們在做什麼？他們有什麼關係？有什麼行動？」

換個角度看就是換個心境，必然會看到一些沒有辦法直接

透澈的東西，如同人生。

此外，你也可以試著用身體模仿創作的姿勢（請留意是在不會困擾身旁他人的情況之下），這不僅會幫助你從藝術家的角度感受製作這件藝術品可能的感覺，更會因此成為你自己回應作品、形塑心得的新觀點。

6. 自我回探，藝術是為我們建立不同連結而存在

所有這些觀察和運用，除了是幫助我們更深入地理解藝術家他們感受到的世界之外，最重要的是，我們同時也在為自己開闢思考和感知的新路徑和可能性，甚至將這些帶回生活中，以更充足的心，理解自己和世界所建立的關係。

「所謂的 『美』，很大程度上是身體的某種質地因著感官的干預，機械式地作用於人類的心靈。」
—— 艾德蒙·柏克（Edmund Burke），哲學家

2 藝術與健康福祉

Chapter ─ ─ ─ ─ ─ ─ ─ ─ ─ ─ ─ ─ ─ ─ ─ ─ ─

「當我們試圖單獨挑出某件事物，就會發現它與宇宙中的
其他一切都息息相關。」
　　　　　　── 約翰・謬爾（John Muir），環境保護運動家

「凱特，既然藝術對身心這麼好，那你選一種效果最好的
藝術給我，我去做！」

前面提到，我的腦中有個根據數百場教學累積下來的「創
齡大哉問排行榜」，而這個問題可說是前五名的熱門詢問。

人總是希望一種藥就能解決疑難雜症，當世間並無萬靈丹
的時候，我們又怎能期待創齡中任選一種藝術就能治百病？但
倘若真要如此類比，在創齡的參與中，相較西醫，**藝術的選擇
更接近中醫及其綜合評估病患整體狀態後所下的複方**。

由於我的父親是中醫師，對他而言，不是治病，而是先治
「人」。他曾舉例某位數年來偏頭痛求助無門的患者，「患者說

偏頭痛，那是否就是開頭痛藥呢？當然不是啊，而是必須理解他的日常作息進而才能抽絲剝繭，判斷出可能的眞實原因是什麼，再思考如何改善作息，或是搭配什麼樣的藥。」

經父親循循善誘該病人後，原來務農的他每日攝取過多的水分，導致胃積水進而引起偏頭痛，因此父親最終建議他正確的水分攝取方式，開立身體解熱與調適腸胃的複方而非頭痛藥。很快地，陪伴一生的偏頭痛就此離開。

「個體的生活情境」與「全人角度的藝術複方」，這是身爲創齡方案設計者的我，從父親的身上，且經由自身無數的實戰經驗和反思，淬鍊出的心得。行走在創齡現場至今，確實感受到自己已經不只是個活動辦理者，某種程度上，彷彿是個創齡中醫師；揣著對人的敏銳，運用著藝術的複方，透過服務設計擘畫出具整體性的計畫方針，協助每一位參與者都能找到自身長大變老安心的節奏。創齡最終就是，支持人們走自己的路。

關於不同藝術類型所構成的「藝術複方」會有什麼樣的機會和可能，已經有許多研究昭然若揭。其中，2019 年世界衛生組織所提出的重量級報告〈藝術作爲促進健康與幸福的全面性報告〉亦有提及；而由歐盟委員會與歐洲各單位共同資助的〈文化促進健康〉（Culture For Health）計畫，更明確分享他們如何看待藝術介入帶來的效益或影響。

「不同的藝術媒介，相同的創齡心法」，接下來會透過分享不同種的藝術類別可能促成的效果，但請不用擔心創齡的運用是否僅限於這些藝術種類，我始終認爲，**沒有不能用來**

做創齡的藝術，只有沒透澈的一顆心。我們不見得要照單全收所有的研究報告，但可作爲往後在設計方案時的參考依據，最終該怎麼設計這帖複方，仍是要回歸到教育推廣工作者自身的計畫目標。

▋ 繪畫／圖像

以明眼人的狀態來說，由於視覺可說是人類理解、感知世界最仰賴的感官（覺），因此視覺作品自然而然地成爲日常生活中我們最常接觸也最爲熟悉的媒介之一，其呈現方式具有多樣化的媒材，常見的如素描、水彩、油畫、壓克力顏料畫及攝影有時也包括在內。

從醫院、圖書館、辦公大樓到捷運地下街，視覺作品多被視作點綴空間或提升所謂美學素養的主要藝術類型。許多社區學習課程也少不了視覺或圖像，甚至許多最終都會以成果展或聯展的型態作結，由此可見其普及。此外，常見的「藝術治療」（art therapy）其實主要也多以視覺藝術特別是繪畫爲主。

繪畫的確是所有藝術種類中得以跨域先行的重要媒介之一。也因此研究藝術與神經系統特別是腦部感知的神經美學（neuroaesthetics），最初運用的正是繪畫，主要探討的是——「觀看繪畫的美感歷程所帶來的可能影響會是什麼？」神經科學家 Semir Zeki 與 Tomohiro Ishizu 透過一項可說是開啟神經美學新世界的研究，引領來自神經科學、藝術文化的跨界辯論，那就是——「『美』是可以被量化的嗎？」

實驗將受試者置於功能性磁振造影（functional magnetic resonance imaging, fMRI）內，讓他們觀看主觀意識為「美」和「醜」的 30 幅視覺藝術作品包含風景、靜物、抽象及肖像畫等，同時也聆聽音樂片段，最終要求受試者從 1 到 9 分（從最不漂亮到最漂亮）進行評分。實驗結果發現當受試者觀看視覺藝術作品或聆聽音樂時，若這作品是被受試者感知為「美」的，大腦的主要激發區域除了視覺及聽覺皮質區之外，負責愉悅及參與大腦酬賞處理（reward proecessing）的內側眶額葉皮質（medial orbito-frontal cortex, mOFC），也就是情緒大腦，也會同時活動，促使多巴胺分泌增加。

有趣的是，該研究也指出，當我們看著愛人的臉時，也激發了同一個腦區。更有趣的是，倘若是我們認定為「醜」的作品，會激發的除了有調控情緒特別是恐懼感的杏仁核之外，運動皮質區也會產生激烈反應。彷彿你的大腦想要保護你免受醜陋的侵害，尖叫著要你拔腿快跑似的。

雖然因神經美學的興起，我們或許可以開始有機會量化藝術的功用（當然也有人反對將藝術功利化），然而腦的運作仍是人體最難解的謎，美感經驗歷程的科學化仍在路上。但無論如何，已經有許多感受回饋都提到，有系統性或具目標性地欣賞視覺藝術，能夠引導觀者產生自我投射和覺察，同時更能藉由創作而有自我表達的機會，並且因參與活動而能降低孤寂與疏離感。甚至有越來越多的醫療單位，讓癌症或慢性病患者透過創作緩解其身體不適。整體來說，均得以提高生活意義感並創

造正向的療癒環境。

〔走在創齡現場｜「藝術讓我的靈魂自由」〕

當我還在《安可人生》擔任創齡發展部統籌時，策畫了攜手臺北市立美術館的「安可開團！來去北美館：專為熟年企畫的美術館之旅」。融入了同理心設計，從熟年夥伴的思考出發，最終推出「展覽 X 導覽 X 五感手作」的活動內容。

綿綿細雨的午後，樂齡夥伴們陸續前來，此起彼落地對我們說著「好久沒來這裡了，今天卻有點興奮。」「沒想到美術館也有注意到熟年的我們耶。」「以前都以為美術館好難親近，很怕走進來。」

看著大家開心且帶著好奇的表情，我們穿過美術館，來到擺滿各式顏料媒材的空間，一起創作「我的臉」。參與者在引導者張書婷的帶領以及包含我、北美館館員王瑋婷的鼓勵之下，大家藉由觸摸自己的臉、觀看彼此的臉展開創作乃至於最後需要以創造力「破壞」自己的臉，這對於習慣「圓滿」的華人來說，真的是一個需要突破心理障礙的行動，在團體動力相當友善的氛圍下，每個人都願意為自己做出嘗試，最終創作出一幅幅既熟悉又陌生，但充滿驚喜的臉龐。

活動最後的分享時間，有位正歷經手腳和口語不便挑戰的夥伴提到，「我今天本來要去醫院做復健，但我跟醫師說，我要跟凱特去北美館做復健，醫師就鼓勵我來了。雖然我的身體不自由，但是謝謝你們舉辦這樣的活動，讓我有機會很安心地

來到美術館，透過今天的自畫像，讓我感覺到，我的靈魂仍是自由的。」

引導者鼓勵大家用創造力「破壞」自畫像（照片來源：周妮萱）

推薦關注的創齡組織方案
○ 張書婷藝術教育工作室

▌ 音樂／聲音

　　你有聽過「聽覺是陪伴我們一生最久的感官」這樣的說法嗎？胎兒時期的我們，約莫是到第 22 至 24 週左右，聽覺系統才會發展完全，當時雖然仍不至於得以隔肚有耳，將外界聲音聽得一清二楚，但已開始能聽到母親體內的心跳、腸胃蠕動等聲音，進而腦部聽覺神經也隨之持續發展。

　　據說直到臨終的那一刻，聽覺仍會持續傳輸來自世界的聲音，因此也常有一說，若有想告別的話，或可以讓臨終者安心放鬆的音樂，都可以在告別之際，好好地說、好好地唱。

　　聲音既然以相當長遠的時間，伴隨我們從生命的起點到終點，那麼可以想見，「聽」對於生活的重要性不亞於視覺。當我們聆聽時，聽的是「聲音」，但其實聲音的形成是聲波穿越耳道，讓鼓膜產生震動後，再使耳蝸內的毛細胞產生電訊號，進而由聽神經傳到聽覺皮質進行解析。

　　因此，能有聽的產生，不僅是耳朵的功勞，更有腦的苦勞，甚至某種意義上可以說，我們是「用腦『聽』聲音」，這是因為聽覺系統和運動系統間有著相當重要的連結。因此，即便是有聽覺障礙的夥伴，我們也可以藉由聲音可視化或聲音觸覺化的運用，抑或是單純以靜音的方式看著電視中的人彈奏鋼琴，我們腦部的聽覺中樞也都會活化，也同樣能讓聽見的喜悅傳達入心。

　　相較其他藝術媒介，音樂影響實證基礎的累積一直是居於首位。單純聆聽音樂就能帶來聽覺皮質區的變化，有些研究更

顯示，音樂活動包含學習樂器帶來的效果更是無庸置疑，不僅同樣能調節情緒、減少社會疏離並建立歸屬感，也能為老年人帶來認知功能的改善。

許多研究也著重於音樂參與度和失智症者情緒調節的關聯實證，結果證明失智症者在音樂治療後，不僅減低了失智症合併的精神行為症狀（簡稱 BPSD），更增強了積極情緒。帕金森氏症者在音樂參與的研究上也與日俱增，通過音樂治療，以及系統化的聲音和歌唱課程，能緩解帕金森氏患者言語功能惡化。

創齡中的音樂運用不僅是單一使用，我們更常將其與其他藝術媒介整合。2020 年我擔任計畫主持人與課程總策畫，與力果文化團隊攜手國立臺灣文學館規畫的「失智社群文學資源箱深耕計畫」，即是以「音樂」結合「文學」，打造提升健康福祉的博物館體驗。

聽聽音樂很好、參加音樂活動很好，能自主學習樂器為身心帶來的好處更是不得了，就從今天開始，讓音樂陪伴我們長大變老。

〔走在創齡現場｜「專注聆聽的這段路，我感受到真正和自己在一起」〕

擔任《安可人生》創齡發展部統籌時，我為高雄市立圖書館策畫以「熟年好時光」為主題的創齡系列活動，其中也與聲音藝術家鄭琬蒨共同設計「我與高雄的聲音：地方聲音採集」，讓高雄的樂齡朋友得以用新的方法，甚至可以說是更貼近自己的方法，專注聆聽高雄的聲音，包括風的八方來去、水下動物

的游行，乃至於自己心中的聲音。

我與音樂治療師劉又瑄共同推出的「創齡音樂治療」，則讓參與者透過現場互動，理解音樂治療如何陪伴挑戰同時也促進身心健康，讓樂齡朋友感受原來音樂不僅能欣賞、創作，更能運用於心理療癒與自我探索。

透過創造力，我們就能和自己真正一起。

聆聽高雄港邊的水下聲音為耳朵開啟新世界（照片來源：高雄市立圖書館）

推薦關注的創齡組織方案
○ Music for Dementia
○ Dementia Inclusive Singing Network
○ 聽！音樂在說話 X Life of Music Therapy
○ 聆聽老靈魂計畫

▌戲劇

「人生如戲」是耳熟能詳的俚語，但別說長者，連我們自己想到要「演戲」，肯定也都會有些許抗拒，甚至如同面對多數的藝術，理直氣壯地說出戲劇無用論。然而其實「人生如戲」是很有道理的，每個人在一生中都會扮演不同角色，雖然都是做自己，但是否成功「扮演」卻不好說，而成功演出每一個角色，平安愉快度過此生，卻是我們心中所盼。因此，若把戲劇當作是你我更有能力駕馭人生角色的工具，那麼學習「戲劇方法」聽起來就相當務實有用了。

戲劇為抽象的同理心建立具體的情境（照片來源：周妮萱）

戲劇的功能有：

◆ 讀劇提升口語和情感表達

◆ 角色扮演深化換位思考與同理心

◆ 即興練習可以鍛鍊情境反應力

其實許多藝術媒介都可以結合不同樣態的它者進行運作，例如戲劇活動也可能會涵蓋視覺藝術、音樂、舞蹈、閱讀、故事敘事等。目前包含臺灣在內，全世界的老年劇團如雨後春筍般破地而出，參與的除了有年長者，有些更會融入不同程度的失智者和照顧者，同時也有許多研究都漸趨證實參與戲劇活動有助於失智症者正向情緒的提升。

〔走在創齡現場｜戲劇打造「我」到「我們」的溝通橋梁〕

任職古稀創意研發長時，我為國立臺灣美術館設計「美術館創齡福祉培力工作坊」，攜手館員吳麗娟推動七堂系列課程。學員除了有場館內協助麗娟推動文化平權的志工外，更對外招募來自藝術、衛福、社政和長照的工作者。要如何將「文化平權」、「藝術創齡與健康福祉」的精神讓學員具體感受，即是由戲劇編導李育芳以「戲劇的換位思考和運用」為我們實踐了這個任務。

藉由戲劇方法，從暖身破冰、身體溝通到團隊共創，學員從戲劇出發，運用自己的身心感知，建立「我」到「我們」的來回穿梭。戲劇不僅能建立同理心（關照世界），促進跨域工作者的彼此共感，更能從同理中找回通往自己道路（覺察自我），與世界溝通連結。

推薦關注的創齡組織方案

○ Curious Shoes
○ OiBokkeShi「老いと演劇」
○ 果陀劇場《活化歷史》
○ 木子遊藝室

○ Entelechy Arts
○ 樂劇團
○ 女巫劇團

▍舞蹈

「我們小時候不是都會手舞足蹈嗎？只是大家都忘記了這件事，忘了自己會跳舞。」

——安銀美，韓國編舞家

　　國標舞、廣場舞、土風舞、街舞是許多臺灣民眾對於舞蹈的基本印象，然而每當鼓勵人們參與舞蹈課程時，更常聽見到是：「我不會跳舞啦」、「我手腳不協調」，如同所有的藝術類型，身爲創齡工作者的我們，總是需要努力幫大家克服這樣的自我設限。

　　有別於必須按部就班，照著舞步和隊形跳的團體型舞蹈，創齡中的舞蹈運用更重視參與者個體的**身體和生命經驗**，以及**自身的情感知覺**，因此「持續性參與」和「引導式課程設計」就成爲關鍵。「持續性參與」指的是非單一課程，而是具有延續和累積的持續性課程規畫。「引導設計」則是在課程設計上不以對或錯進行表現評價，而是思考如何激發並鼓勵參與者藉由探索自身的經驗和感知，找尋身體用以回應的路徑。

目前實務上有部分舞蹈工作者投入失智症者的舞蹈參與，臨床上也有隨機分派試驗發現，帕金森氏病友在參加探戈舞活動後，疾病嚴重程度減輕，步態、平衡和上肢功能也得到改善，關於舞蹈的整合型研究正持續進行中。

其實無論是制式的傳統舞蹈或是重視創造性的創齡舞蹈，除了各自有其優點之外，普遍皆能提升身體功能與平衡感，且因會有固定的社會參與，更能建立自信，促進生理、心理和社會幸福感。在部分研究上也提到患有輕度認知障礙的年長者，若能參加舞蹈課程，可以有助於維持認知能力，並引發正向的情緒和行為表現，現在也有將芭蕾舞運用於帕金森氏症者的舞團。舞蹈作為促進健康福祉整體性相當高的藝術類型，若不試試，實在可惜。

〔走在創齡現場｜「舞蹈拯救了我」〕

因擔任驫舞劇場「樂齡小學校」的議題工作坊帶領講師以及整體計畫的觀察研究員，驗證了有目標、有策略且具持續性的課程設計對於健康福祉帶來的影響。這是以樂齡為主要對象納入部分青年，為期十二週、全日型的系列性深度課程，內容包含表演藝術、視覺藝術以及固定每週上午兩小時的舞蹈課。為了理解十二週的學習歷程對於學員的影響，在驫舞劇場團長蘇威嘉的邀請下，我為這計畫設計了前、後關於健康福祉的問卷評測，同時於最後一堂課帶領焦點團體訪談。訪談時有樂齡學員提及，十二週前正經歷生命中的挑戰，但感謝自己的堅持，每一次上課都帶給他繼續前進的動力，現在已經走出最難

熬的階段。另外也有學員指出，長期不好入睡、失眠的狀態，開始上課後皆逐漸獲得改善（上完的當天特別好睡）。這樣的計畫能確實地以系統性方式展現舞蹈之於身心的影響。蘇威嘉也表示，希望這場先驅計畫，能成爲更多舞蹈工作者願意投入的可能。

持續性的參與為身心健康舞出新契機（照片來源：驫舞劇場。攝影：方妤婷）

推薦關注的創齡組織方案

- Company of Elders
- Scottish Ballet
- 創動感
- Dance Base
- 驫舞劇場
- 銀天鵝芭蕾

▋ 閱讀／寫作

談到閱讀和寫作，可能會讓許多人覺得這不就是從小到大學校教育最常出現的課程嗎？也的確因為這樣的「成績導向」遺毒，再次讓人們忽略了原來這兩者也能成為迎向第三人生很重要的力量。近年來開始成為趨勢的「書目療法」，有些論述提到閱讀帶來三階段的心理歷程，分別是：「認同」（identification）、「淨化」（catharsis）、「領悟」（insight），這樣的論述都更加肯定書本的重要。

雖然因受數位科技的影響，人們對於紙本閱讀漸漸疏遠，但是我們期盼透過閱讀認識世界的渴望其實潛藏於心，這些年因有 YouTube、Podcast、抖音等社群分享平臺，讓「閱讀」行動有機會透過多樣化的介面再次浮上檯面。

然而無論讀的是紙本或數位，只要是有意識的閱讀都有益處，特別是有故事軸線的內容，例如小說，可以訓練我們運用想像力展開情境建構的能力，從人物角色中發展同理心，並且藉以映射生命中的相關性，形塑自身意義。

寫作則可以促進自我表達，並且將所經歷的情感用文字建構新的時空，或能緩解、昇華甚至找到新的角度重新看待身處的現實。

更進一步地，當我們將故事透過敘事，也就是「說故事」的方式傳達，更可以讓我們感知不同故事的核心價值及意義，且透過敘事的傳遞，能從聽眾的回饋，持續回望故事本體的無限可能，這個過程不僅能深化人際間的情感連結，更可以讓敘

事者保持對於事情的多元觀點。

　　臨床上，也有醫療體系開始將文學創作和故事敘事運用於陪伴重症者，或經歷哀悼過程的人身上。

　　此外，許多失智症者雖然無法談論太多近期的生活狀態，但也因為早期的情感記憶仍有相當的維持，因此透過敘事引導，甚至結合其他如音樂、舞蹈等藝術，都可以讓失智症者有語言之外的方式得以對外界發聲。這些方案都更肯定了文字和說故事能成為支持健康與福祉的重要存在。

〔走在創齡現場｜他是詩人，只是剛好得了失智症〕

　　2020 年與臺北市立聯合醫院合作，我擔任國際失智症月展覽策展人。受到 Living Words 在失智創齡上的影響，希望能藉由這次的嘗試，跳脫傳統與失智症相關的衛教宣導模式，透過展覽和互動，嘗試以「人」的視角看待每一位均獨一無二的失智夥伴。

　　我建構了「他們是詩人和攝影師，失智只是一種生活狀態」這樣的出發點，邀請不同的藝術工作者，進行聲音採集編曲、旅行攝影、角色換位等活動，形塑展覽所需的素材。其中在聲音採集的部分，除了讓參觀者可以聆聽不同主題中來自失智者的聲音之外，我們更將失智者的分享轉化成為展覽的文字，透過牆面和布簾兩種不同質地，讓失智者成為分享情感的詩人，成為他自己。

當失智者化身為詩人（照片來源：周妮萱。攝影：沈暐翊）

推薦關注的創齡組織方案
○ Living Words
○ Art by Post: Poems for Our Planet
○ 後青春繪本館

▌ 電影／平面攝影

電影不僅是典型八大藝術之一，我想可能也是八大藝術中最親民、最能不讓人再有恐懼說出「我不會看電影」、「看電影好難，我不知道怎麼做」等等退卻回應，不過當然，這裡指的

是「看電影」，至於「拍電影」當然是另一回事。

影像教育推廣是我出社會後最早投入的推廣工作，因此在創齡推動上，我常用「影展」的方式結合，**藉由主題式的選片、放映活動設計、情感探索表達與多元媒介的延伸運用**，讓參與者更認識多元的老年議題。這幾年我才知道，原來自己建構的正是某種程度的「電影療法」（cinema therapy）。

縱然影展無法做到個案治療，卻也從在每個放映場合中參與者的深度回饋，感受到有意識的教育推廣設計真的能發揮力量。關於看電影的效果，最常被用在減輕壓力、放鬆心情，若是經過有系統的教育推廣設計，則除有知識或觀點的獲取外，更有社會參與的情感交流。此外影片也常有將主題潛移默化的教育或倡議效果。

電影之外，平面攝影也隨著智慧型手機的硬體功能和APP軟體的支援下，成為同樣親近大眾的藝術媒介。然而，同樣是攝影，當我們談創齡，最大的區別當然是「**拍攝的意識**」，拍攝的意識指的也正是回扣最早我們對創齡的定義，「透過具創造力的方式或媒介」，因此如果只是單純出遊隨手拍照記錄，就比較無法達到創齡的目標。而設計良好的攝影創齡方案不僅能為參與者帶來新視野（設備上跟心境上皆然），更能支持人們透過鏡頭促成自我投射、自我表達、自我賦權與自我實現。

〔走在創齡現場｜回應生命議題的電影處方箋〕

先前提到設計了國際失智症月的展覽內容，除了讓失智者

回到「人」的本質，以「詩人」的概念爲他們呈現內在情感的分享之外，也安排了讓他們擔任「攝影師」，拍攝眼中所看見的世界，藉此呈現他們對於世界的感知。

　　除了攝影，電影是我在策畫大衆型公衆推廣時常運用的媒介。然而，不只讓參與者被動觀看，我會透過設計映後座談讓大家可以進一步交流。只要經過好的教育推廣設計，電影往往也能成爲回應生命議題最易入門的藝術媒介。什麼是好的教育推廣設計呢？這其中除了前面提到的主題選片、映後座談，也因爲合作對象多以圖書館居多，因此通常我都會連結館藏資源，規畫包含主題影展和書展相融的推廣計畫。

推薦關注

○ The ONE Project–Therapeutic Photography

▌文化藝術場域——博物館、美術館、圖書館、藝術文化中心、文化資產區域

　　具公共性的社會基礎設施如圖書館、博物館、美術館、藝術文化中心等，因著其重要的「地域性價值」，即便是國家級場館，仍脫離不了與所在社區的連結。因此 2000 年初，以英國和美國爲主的「博物館創齡」開始影響包含臺灣在內的藝文場域。

　　在過去（其實現在也是），藝術文化場域多半將重點放在研

究、典藏、展示、演出，而教育推廣能帶來的社會影響力仍是處於邊緣。

然而即便有再多的挑戰，我和許多場館的創齡夥伴都希望能持續推動下去，正是因為看到國外有越來越多的研究和論述都肯定了博物館、美術館促進健康、幸福感與社會共融的社會角色。而對公眾開放參觀的古蹟、歷史建物或文史園區等文化資產區域，也能促進民眾對於社區、土地的連結和認同。

不過回到創齡的本質，創造力方能對生命淬鍊出「心智肌耐力」。英國國家博物館與健康福祉聯盟在《**博物館（美術館）與健康福祉報告**》（Museums for Health and Wellbeing Report）中提到，在博物館或美術館場域中，常用於促進健康與幸福感的活動類型前幾名分別有：「創意型工作坊」、「物件觸摸活動」、「具結構性的參訪導覽」、「懷舊活動」、「創作展示」。

其中「具結構式的參訪導覽」意指自行走馬看花逛博物館、美術館，跟參與具「結構式的活動」（主題式導覽與活動）是很不一樣的。

許多研究都指出，選擇有導覽解說和活動參與的博物館或文化遺產的審美體驗，會增強參與者的心理健康，不僅是因為知識開拓和累積的成就感，更有實現生活新意義的自我賦權感，同時更能因社會參與而獲得身心支持，提高幸福感。這些並不限於無疾病者，經由持續性且穩定的博物館參與經驗也能提升失智者和照顧者的健康福祉，關於這點，除了國外已有相當多實證，國內部分，先前提到 2020 年由我擔任計畫主持人

與課程總策畫的「失智社群文學資源箱深耕計畫」，卽是以失智者爲主體，設計連續八週的博物館行程，經過運用博物館福祉評量的前、後測成果以及活動整體結束後對照顧者和個管師的詢問，皆充分的驗證連續型的博物館體驗爲失智者帶來了相當良好的正向回饋。

〔走在創齡現場｜善用藝文場館自身的優勢與特質提升受眾的健康福祉〕

藝文場館的教育推廣模式通常可分爲「進館」（在場館內進行活動）和「外展」（將資源帶到場館以外的地區），無論是進館或外展，都需要資源和人才的協力，才能組成專業的教育推廣團隊。至於型態和模式都要回歸到場館自己本身的特色和目標，例如國、內外的博物館，常見以「資源箱」作爲推廣的增能工具之外，也必須將使用者納入核心考量，這裡的使用者不僅是直接的推廣參與者，更有運用工具的教育推廣者。2023 年我擔任國立臺灣歷史博物館「國家文化記憶庫樂齡主題學習推廣計畫」的計畫主持人暨教案設計統籌，與團隊和館方共同以場館之常設展進行主題轉譯，打造名爲「人生百百款」的樂齡資源箱（完成品是以主題推車呈現）和樂齡教案，獻給 55 歲以上中高齡及失智夥伴，卽是希望透過「知識互動」（臺史博常設展與國家文化記憶庫資源）、「對話互動」（常設展轉譯後的議題引導、資源箱物件運用），「感官召喚」以參與者生命經驗爲核心的博物館體驗。

打造主題資源箱成為博物館教育推廣和參與者間的連結橋梁（照片提供與攝影：黃孟琦）

推薦關注

國立臺灣美術館、國立歷史博物館、國立臺灣歷史博物館、國立臺灣文學館、臺北市立美術館、國家兩廳院、新營文化中心、臺中國家歌劇院、衛武營國家藝術文化中心、臺南市立圖書館。

※ 後記補充

　　由於許多方案都以一次性居多，難見累積成果且實質為創齡活動者較少，因此全國雖有許多場館或組織辦理樂齡活動，

但在這裡的推薦關鍵係以長期且穩定推動創齡方案的場館、組織或計畫為主。

美術課的乙等生，但人生的旅途永遠感謝藝術

從小到大，無論美術、工藝、家政，永遠是我的苦手（好險音樂沒成為最後一根稻草），沒當成藝術家，現在卻成了推廣以藝術作為媒介的創齡瘋子，想想也是很感謝自己沒有放棄接近藝術的那顆心（摸）。

藝術陪伴了自己經歷難以承受的時刻，至今仍以各種樣貌支持著我成為更溫柔、更好的人。這也是為什麼我相信，創齡是每個人長大變老最重要的力量之一。

在那段困難的日子裡，曾經上過的戲劇課、舞蹈課都深化且留存於體內，甚至僅僅只是觀看，表演藝術都成為靜默卻深刻的修復力量。也因此，表演藝術作為溫柔的創齡肌耐力鍛鍊，更是我所深信不疑的。

「才藝是透過教導嘗試填滿每個空缺，藝術是要人學習讓出空間。」

曾與藝術家朋友聊到如何看待才藝與藝術，他說了這句話讓人回味的話，很喜歡。

特別謝謝藝術這幾年所帶給我的思考和力量，陪伴我度過很多難以承受的時刻；我總心想：「或許有人也是這樣在承受著、尋找著。」特別是在這個我們都需要更知道自己是誰的年代。創齡的世界中，藝術的存在，不是要把變老議題殿堂艱澀

化，而是使每個人在老的過程中，更像個「人」、懂得「愛人」且不辜負「一生爲人」。

旅程筆記

✍ 教藝術是為我們建立不同連結而存在。

✍ 在創齡的參與中，選擇藝術如同中醫配藥，應綜合評估個體整體狀態後進行複方調製。

✍ 創齡最終就是，支持人們走自己的路。

第**3**站

創齡服務設計
與實務案例

理解了長大變老為什麼需要創齡，感受創齡的模樣、功效和魅力，你是否也迫不及待想透過各種藝術媒介體驗創齡的生活滋味？雖然我們可以在日常生活就為自己來一點創齡，不過一個完整的創齡體驗，包含了人、事、時、地、物的完美合作所能帶來的美好，是會讓參與其中的人即使在活動結束後都能念念不忘，且必有迴響的。

如果你也想成為創齡設計者，要讓創齡發揮魔法，除了豐富的藝術媒介之外，如何確立「創齡設計魔法師」的角色定位及「服務設計」（service design）的使用，是拓展創齡計畫規模和視野最重要的整合。

2011 年接觸到服務設計。當時臺灣不僅沒有太多相關資訊，更不用說類似的科系。但因為深深被服務設計所能帶來的影響吸引，因此我和友人尋找各種國外的資料自學、討論，與此同時，生活與工作也開始接觸高齡和長照，所以在服務設計的學習上，特別以老年議題為主，直到 2013 年前往服務設計核心國家之一的英國學習，有了更多的理解，便在 2015 年推動創齡時，將服務設計融入。

因此，這一站，我準備了一支服務設計魔法棒，無論你來自藝術文化、衛福醫療、社區服務，我們都能從確認自我定位和團隊任務開始，帶著服務設計的方法、工具和策略，一同深入不同領域的創齡現場。除了認識多元化的服務內容之外，也能藉由服務設計的解析，萃取案例的核心，思考如何轉換爲自己的服務所用。

　　最後，當我們信心充滿，覺得自己已經有能力將這些核心概念、工具策略、方法路徑開始落實之前，請先放下所有的已知，**永遠記得從事創齡的人必須保持對人的敏銳、對事件的同理以及對情境的靈活彈性**。最後，我爲各位準備了一套「創齡工作心法」，希望這套心法既像個護身符，更是加油棒，因爲創齡是與「人」密切建立連結，甚至時常需要掏心掏肺的工作，當我們不斷給予，而沒有爲自己打造緩衝空間時，這段路上，必然會迎來許多困頓、失望、無力甚至自我懷疑的時刻，因此我希望，每當這個時刻來臨，你都能重新在這套心法中，找到力量、找回初衷。

1 關於「服務設計」

▌什麼是服務設計

「設計的力量在於好好觀察每一個個體,他們各自的家庭、社區以及人們於當中互動時,所經歷的成功或失敗。」
——派翠西亞・摩爾(Particia Moore),
美國通用設計與同理心設計先驅

你可能聽過工業設計、產品設計、視覺設計,甚至是當我說或寫出「服務設計」時,「服裝設計啊,我知道我知道。」這樣的回應也是習以爲常。(當事人我也習以爲常了,畢竟當初跟我媽說要去英國讀服務設計到現在,她仍然沒清楚知道服務設計是什麼,但沒關係,媽媽對我有愛就可以。)

很多初次聽到的人都會直接認爲「服務?服務不就是對客戶卑躬屈膝或以客爲尊?」「設計?設計不就是把所有事物都設計得美美的就好了……」「服務設計,有什麼難的?」

對於大部分的人來說，服務設計是很新鮮也容易被誤會的詞，其實我們在生活中都正體驗著服務設計而不自覺。最生活化的舉例莫過於由荷蘭設計策略公司 31 Volts 所描述的：

「當有兩家相鄰的咖啡店以相同價位賣同樣的咖啡時，服務設計就是會讓你選擇某一家、經常去消費，且會向朋友推薦的原因。」

從咖啡館的選擇、購物或就醫流程、老年送餐體驗、政府政策服務到教育推廣等，**凡是需要與人建立連結和溝通的，都是服務設計可以協助的範疇**，也因此行銷學者菲利浦·科特勒（Philip Kotler）提到服務並不僅存在於傳統的服務業中，因為**目前人類世界的運作幾乎皆與服務息息相關，差別僅在於你提供的內容與使用者間的距離遠近。**

若將服務的流動先行化約到「服務使用者」與「服務提供者」之間可以看到（為什麼說先行呢？因為晚近的服務設計開始更全面看到超越這兩者以外的關係人）：

- **從服務使用者的角度，服務設計是種「選擇的結果」。**
- **從服務提供者的角度，服務設計是種「體驗的打造」。**

若將服務設計的目標進行分類，則大致可分成：

- **「優化型服務設計」：**
  改善或提升現有的服務體驗，通常建立在以研究資料為基礎。

◆ **「願景型服務設計」**：

創造未來的服務體驗，通常建立在以假設爲基礎開創新的服務內容。

服務設計師關心的是該設計是否有效可行、是否滿足需求並進而創造價值。既然生活處處都是服務體驗的現場、萬事皆可服務設計，服務設計的出現又能爲我們帶來什麼益處呢？

▌為什麼需要服務設計

「不只設計看得見的空間，更要設計看不見的 『人與人之間的連結』。」

——山崎亮，日本社會設計師

服務設計就是透過「整體性思考」及「系統化實踐」爲每一個服務情境建置良善的影響，設計的正是每個人「生活的現場」。特別當我們在處理與人相關的議題時，類似於頭痛醫頭、腳痛醫腳的單點式病灶處理，在不夠全面性的情況之下，一方面會產生見樹不見林忽略人與環境的交互影響，另一方面最常見的則是因最初對於問題的本質就理解錯誤，而導致一步錯、步步錯。

當我們在將欲處理的項目置於眼前，需想像該項目的時間軸也正流動著過去、現在和未來它所經歷的可能風景。服務設計不只是來解決問題，更是透過流程和實踐，「**解決『正確』的問題**」及「**發展『合適』的計畫**」。

服務設計的鍛鍊和導入，是爲了建立策畫執行者「辨識並處理正確問題的能力」。其次，「**敏銳的彈性應變與整體計畫力**」則是另一項透過服務設計訓練所帶來的超能力。

服務設計的發展整合了品牌學、行銷學、管理學、心理學和人類學等跨學門，也正因爲它有如此多元的面向，因此比起任何傳統設計類別，它更貼近「人生」與「生活」的現場。當我將其運用在創齡教育推廣的擘畫，除了讓這些推廣更加深入人心且更具整體性的脈絡外，也深刻感受到**服務設計融入在每個人面對家庭、伴侶、親子、友誼等議題上所帶來的實用性**。

▌服務設計六大核心原則

「不要太熱愛某個點子，你要能擴展各種可能，之後再回頭看時，或許會看到更棒的點子。不過，在那之前要記得努力讓點子奔放。」
　　　　　　　　　──巴林納・羅飛（Belina Roffy），服務設計師

服務設計作爲一門科學，必然也需要發展出某些可以被依靠的原則，不過服務設計和其他領域很大的區別在於 ──「**有機且與時俱進的經驗累積**」（這點和創齡一模一樣）。因此，隨著世界各地的服務設計師開始推動多樣方案，彼此交換經驗、反思並勇於調整，造就了核心精神不變卻能回應社會變動和需求的原則。

接下來，我將提供這些年來從經驗中所發展出的服務核心原則及其內涵，特別因爲共同合作的夥伴包含文化藝術領域的

博物館、美術館、表演藝術中心以及衛福健康領域的健康服務中心、醫護人員等，因此算是一個跨域經驗值形塑而成，較為貼近創齡運用的原則彙整：

◆ **以人為本 (human-centred)**
服務設計師須將自己置身於不同關係人的角度考量他們的體驗，加以同理。

◆ **共同創造 (co-creative)**
盡可能使所有關係人都能參與服務設計的過程。包含各種背景和專業的關係人共同協作 (collaborative)，同時也要留意整個過程會是充滿迭代的 (iterative)，所謂的迭代指的是會有探索、規畫、執行、評估等階段的反覆交錯。

◆ **連續型的行動定序 (sequencing)**
服務是一連串相關行動串聯而成的，而且必須將服務視覺化且加以整理歸納。此處的行動最常見的就是服務接觸點 (touchpoints) 的拆解。

◆ **有感的服務驗證 (evidencing)**
將無形的服務內容、體驗和感受加以實體化呈現，進而成為價值。彰顯價值也將與品牌形象產生密切連結。

◆ **整體性規畫 (holistic)**
除了站在服務提供者、接受者甚至重要關係人的角度理解真實需求進行設計之外，更要全面性考量整體情

境、脈絡與目標。

◆ **保持靈活度 (flexibility)**

每個階段都要具備對人與環境的觀察和同理，不被表徵或工具所框架。

這六項原則看似簡單，實則都必須不斷實踐，並且在運用於屬於你的創齡或服務設計的過程中時時切換另一個頻道，去感受是否有需要調整或軸轉的地方。畢竟原則只是提供大方向的結構和精神主軸，實質的運作仍然要仰賴各位，也因此，若這六項原則非得選出一個最重要的核心貫穿全場，那必然就是永遠記得──「保持靈活度」。

▌雙鑽模組──解碼問題並展開設計

「如果我當年問顧客他們想要什麼，他們肯定告訴我要一匹更快的馬。」

——亨利・福特（Henry Ford），汽車大王

雙鑽模組（The Double Diamond design model）是英國設計協會（Design Council）於 2005 年提出的設計流程，透過對過程進行反覆的「擴散思考」（divergent thinking）與「聚斂思考」（convergent thinking），形成的圖像看起來就像是兩顆鑽石，因而有此名稱；其中又因爲主要由「發現」（discover）、「定義」（define）、「發展」（develop）、「傳遞」（deliver）四階段組成，故也稱爲 4D 模組（4D Model）。

除了這些階段,「原始挑戰」(challenge)及「定義問題」(problem definition)這兩個看似簡單的初始和中繼,代表的正是如何「問對問題」。

「原始挑戰」指的是我們要就原有問題進行改善或開展新計畫時,所面臨的是什麼樣的問題,但很多時候最初或表面的問題往往不是問題的根本,因此經過探索和定義,就會出現「定義問題」這個中繼點,也就是定義出實際的問題。

例如丹麥曾有一項服務設計,是來自政府的委託,丹麥政府提供的老人送餐到府方案,訂餐率年年流失,原先政府以為是因為餐點不美味所導致(表面上的「原始挑戰」),經過服務設計團隊的整體性診斷後發現癥結點其實是從廚師、送餐員到老人,每個關係人都經歷了這項服務各自的痛點,以各自的方式表示不滿,最終反映在雪崩般的訂餐率(「定義問題」)。

當我們在設計教育推廣方案或是思考如何解決問題時,雙鑽模組像是骨幹,服務設計則是血肉,當兩者靈活地合作運行,必然能打造具意義且能實踐的行動計畫。

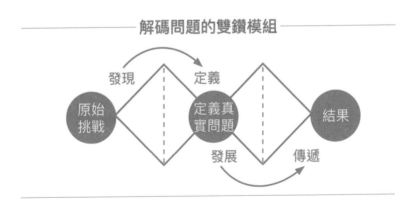

解碼問題的雙鑽模組

服務設計工具與教育推廣融合心法

「在科學上，每一條道路都應該走一走。發現一條走不通的道路，就是對於科學的一大貢獻。」
——亞伯特·愛因斯坦（Albert Einstein），科學家

認識服務設計的基本概念後，接下來分享幾個我在設計教育推廣方案時常用到的服務設計工具，這幾項工具的運用主要是建構在我進行策畫時的核心重點——「**受眾感受**」（人物誌／同理心地圖）、「**建立體驗**」（顧客旅程圖、服務藍圖）、「**關係連結**」（利害關係人地圖、教育推廣三角關係）。同時，也將這些工具如何放在教育推廣上運用加以說明。

人物誌 (Persona)

人物誌起源於戲劇用來描寫人物角色的方法，我們所描述的對象可以是一個人、一群人，通常會運用在我們推動方案時主要想了解的對象。人物誌雖然可能是虛構的，但不能是刻板印象，而是建立在**經驗或研究上對特定對象的觀察和認知**。人物誌內容建議有：

1. 角色照片或圖片

2. 完整姓名

3. 基本資料（例如年齡、性別、職業、族群、出生地或現居地）

4. 角色引述或口頭禪

5. 角色周邊（例如隨身物件、常見穿著、周遭環境）

6. 角色描述（例如個性、態度、需求、期望、動機、目標）

7. 客觀統計資料（客觀的代表性統計資料）

◆ **人物誌運用的目的：**

以使用者需求為起點，創造解決方案。

◆ **人物誌建立方法：**

從蒐集到的資訊歸納角色行為模式，並構建角色。

◆ **人物誌真實目標：**

從角色說明中創造情境以及理解角色如何行動。

教育推廣的融合心法

通常人物誌會協助我們更加認識有類似需求或行為模式的人。但再次提醒，**絕對不是成為刻板印象**。這些整理可以讓我們乃至於團隊，都能對於目標族群有基礎的認識和理解。我們可以先確認所期待的方案目標受眾是誰，先盤點是否有相關的研究統計正好敘述的正是他們，如果可以的話，找到真實的人物，然後跟他們聊聊甚至跟隨他（Shadowing，影子計畫。服務設計工具之一）過一天的生活（A Day in the Life，一日生活。服務設計工具之一）。或者與團隊討論，生活中是否有遇過這些人，在哪裡遇到的、他們都在做些什麼，以及他們看起來如何等。

角色照片 / 圖片

口頭禪或常說的話

姓名/稱呼 ＿＿＿＿＿

年齡 ＿＿＿＿＿＿＿＿

性別 ＿＿＿＿＿＿＿＿

職業 ＿＿＿＿＿＿＿＿

族群 ＿＿＿＿＿＿＿＿

出生地 ＿＿＿＿＿＿

現居地 ＿＿＿＿＿＿

角色描述	角色周邊	客觀統計資料

同理心地圖（Empathy Map）

　　同理心地圖通常會與人物誌搭配使用，人物誌的呈現是屬於比較外圍的觀察，讓我們可以認識該角色的基礎客觀狀態，同理心地圖則會更深入到該人物面對某些情境的感受會是**什麼**，透過外在環境為人物帶來的感知，同理可能產生的感知或情緒。因此在繪製同理心地圖時，會在中心為這個角色帶來名字或是明確的圖像（運用人物誌），接著從感官出發理解他們的：

- ◆ **「看到」：**
  - ▪ 身處的環境
  - ▪ 面對的事物
  - ▪ 他人的行為

- ◆ **「聽到」：**
  - ▪ 社會環境的話語
  - ▪ 周遭人的話語
  - ▪ 有影響力者的話語

- ◆ **「思想」：**
  - ▪ 想法、態度
  - ▪ 立場、觀點

- ◆ **「說或做」：**
  - ▪ 外在的表現、態度
  - ▪ 對外在他人的行為
  - ▪ 對親密他人的行為

- ◆ **專注於使用者的情境脈絡**
- ◆ **感知使用者所聽、所見、所聞、所感**
- ◆ **理解使用者在情境下所欲達成的目標或任務**

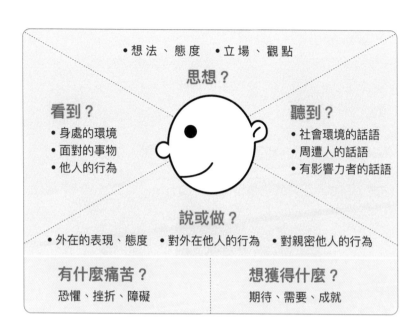

・想法、態度　・立場、觀點

思想？

看到？
- 身處的環境
- 面對的事物
- 他人的行為

聽到？
- 社會環境的話語
- 周遭人的話語
- 有影響力者的話語

說或做？
- 外在的表現、態度　・對外在他人的行為　・對親密他人的行為

有什麼痛苦？
恐懼、挫折、障礙

想獲得什麼？
期待、需要、成就

教育推廣的融合心法

目前各國教育推廣的受眾設定，除了基礎的一般大眾活動外，皆開始進行分齡、分眾、分議題的設計，因此**認識受眾的感受、特質和可能的需求，成為方案設計者重要的能力**，藉由人物誌與同理心地圖的結合，無論是面對熟悉或陌生的受眾，都能呈現受眾樣貌的基本輪廓和資訊。

利害關係人地圖（Stakeholder Map）

利害關係人地圖是用來幫我們釐清以主要服務內容為核心時，向外依照影響程度的關係人有誰（角色），同時也可以標註

每個關係人他們自己擁有的**機會**（角色可以發揮的機會）與**限制**（角色所面臨的限制），藉此讓我們可以提前先預想可能會需要建立關係的角色以及關係的連結強度。整份地圖通常會以同心圓的圖形顯現。

──────── 利害關係人地圖範例 ────────

主題／目標：促成國小與進駐其中的日照中心兩方之間的對話

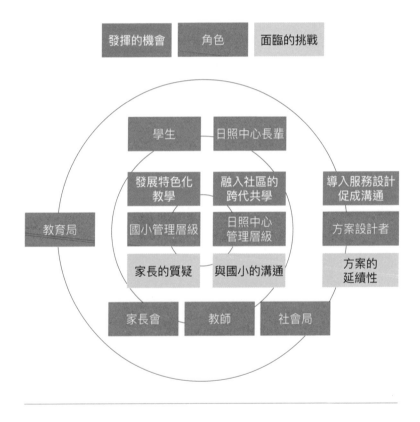

教育推廣的融合心法

　　無論我們從什麼樣的角色開啟方案，了解方案的行進會涉及到什麼樣的利害關係人是重要的第一步。我們同樣可以**將整體過程拆成前、中、後去端詳誰是關係人**，循著前述的說明，理解他們所帶來的影響，這樣不僅能預先處理可能的負面影響，甚至可以將看似負面的影響（例如同業競爭的誤會）轉化成正向合作，更促成口耳相傳、行銷宣傳和品牌塑造。

　　以整體品牌形象如何被理解爲例，我曾擔任一間提供專業長照服務的公司旗下創齡咖啡館的服務設計經理，當時在思考地圖時，發現座落在社區中的咖啡館，比較特殊的關係人包含「周邊的里長們」、「周邊與自己性質相近的店家」。特別是所謂的「性質相近」並非是指完全相同的營運模式，而是要先歸納我們期待吸引什麼樣的參與者、這些參與者他們的特質又是什麼？進而推演他們可能也會去什麼樣的地方，藉此我們就能更有效去調整利害關係人地圖，讓它更貼近需求和現況。於是，我們找出這樣的店家進行拜訪，並讓對方理解我們的品牌精神，及彼此可以共好共生的可能。有趣的是，對方說：「我在這邊開業這麼久，第一次遇到同行來拜訪的。」往後這些店家也成了我的宣傳夥伴。

顧客旅程圖（Customer Journey Map）

　　顧客旅程圖的「顧客」指的就是參與者或受衆，以整體性的視野從「服務前」、「服務中」、「服務後」記錄顧客的旅程路

徑與相應的動作、想法，並且同步盤點從設計端的任務、帶給顧客的感受、甜蜜點或痛點的處理等。將痛點消弭、滿足需求、增強甜蜜點，則能創造機會。

顧客旅程圖通常需要延續我們在人物誌、同理心地圖的分析，方能更好地發揮效益。而且，有趣的是，一旦**顧客旅程圖執行得好，最終出乎意料的驚喜就是——提升整體品牌價值**，包含團隊人員、活動和組織。

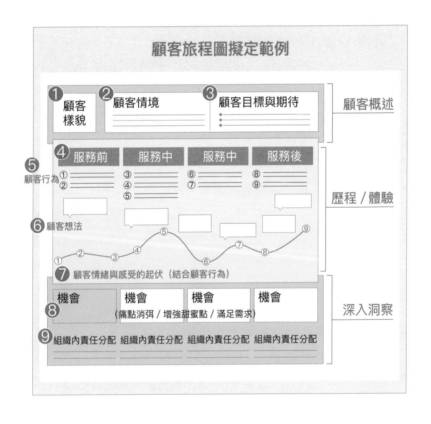

教育推廣的融合心法

　　看到這邊，你大概會以某種情緒問：「教育推廣活動通常只有我一個人，怎麼可能注意這麼多事！」親愛的，你說的完全沒錯，**教育推廣本該就是團隊進行**，只是還沒有機會打造教育推廣團結大聯盟時，我們能先增強自己的核心能力，一起努力！

　　至於為什麼來到顧客旅程圖特別提及教育推廣應當是團隊的組成呢？顧客旅程圖不僅開始以「系統」來看方案設計，進而需回扣方案的目標並做出可分析的未來。這就是我再三提及的，做教育推廣的我們，面對的是有一定數量但又須顧及個體性的工作，因此**擁有服務設計所帶來的全面性視野和實踐模式，勢必就能創造出「深植人心的教育推廣」**。

服務藍圖 (Service Blueprint)

　　當有了顧客旅程圖，我們可以更有自信地建立具整體性的服務藍圖。從服務藍圖我們可以獲得的資訊包含使用者看不見的後臺，會對於整體服務提供帶來什麼樣的影響。這往往就是細節中的魔鬼所在。

　　服務藍圖的建立方法須從三條重要的線開始，分別是「**互動線**」、「**外部可視線**」與「**內部可視線**」。

　　互動線是由使用者在流程中會遇到的各種接觸點串接而成；**外部可視線**則成為前臺和後臺的分隔線，此時使用者仍然可能直接感受到後臺所提供的服務，但在這邊組織則是需要思

考使用者在前臺與後臺共同感受到的行動或內容是什麼；**內部可視線**則是使用者無法看見的，用來更深層去盤點後臺與支援系統需如何合作，才能讓組織內的夥伴也在流程中感到自在，因為他們往往也會是利害關係人的重要一份子。

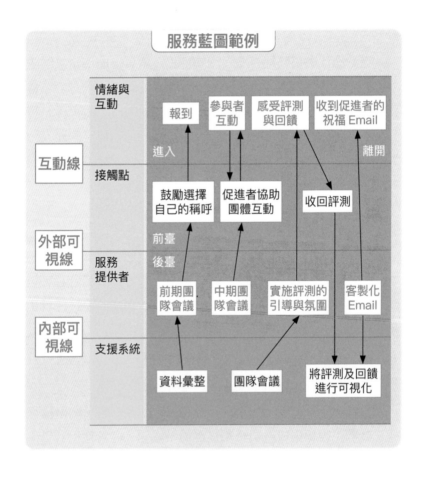

服務藍圖範例

教育推廣的融合心法

　　服務藍圖與顧客旅程圖的妥善運用都將有助於教育推廣方案的品牌形象和品牌忠誠度。然而**顧客旅程圖需要帶點感性從使用者的角度出發，而服務藍圖則是以理性自整體系統運作盤點起**，特別是常被忽略的後臺及支援系統，裡面可能有著硬體的設備，更會有活生生的人，也就是我們的工作夥伴，他們也是促成整體流程的要角，學習透過服務藍圖，我們更能貼近所欲傳達的價值和信念。

2 教育推廣的服務設計

「教育推廣不就是辦活動？」

「人人都會辦活動，那有什麼專業？」

約是 2009 年，我開始投入教育推廣工作，當時從事的是影像教育推廣，策畫影片徵件、巡迴放映、映後座談、展覽呈現等，往後幾年也同時擔任了臺南市政府文化局的文史導覽解說員，因此傳遞特定主題和內容與群眾交流，對我而言是相當熟悉也樂在其中的。

2014 年左右因家中的長照經歷開始來到了一個更挑戰的階段，因此有機會更認識老年和照顧，並且前往英國學習服務設計，回國後接觸了長照的品牌、行銷和推廣，同時認識了當時正在臺灣掀起熱潮的「博物館創齡」，至此，讓自己的教育推廣經歷走向了新的旅程——創齡行動。

十五年的教育推廣經驗到現在，我才深深體會——「教育

推廣會辦活動，但辦活動不一定等於教育推廣。」這個區別存在的必要是因爲某種程度上，「活動」的辦理不需要負擔太多社會教育的任務，但是「**教育推廣**」通常會承載著理念、意義和價值，因此透過這個章節，希望能藉由將教育推廣做系統化的整理，一起交流。

▓ 教育推廣現場關係建立｜定位三角關係

首先，根據一路以來的經驗觀察，我將教育推廣的規畫分成三種類型：

- ◆ 「**單次型參與**」：

  具主題的一次型活動，參與方式大多不限，多以參與人數爲主要目標，有時常與俗稱的煙火式活動畫上等號。

- ◆ 「**系列型單次參與**」：

  通常具有較深刻的主題而且在該主題的結構下發生多場次活動，但每場活動並無特殊關連，因此參與方法大多不限，而目標也多傾向計算參與人數爲主。

- ◆ 「**系列型深度參與**」：

  必定有明確的主題意識，甚至通常會先行經過研究理解想要處理的議題；參與方式則以同一批參與者的長期參與，進而凝聚團體動力爲主軸；目標則不在參與人數的多寡，而是如何爲每個參與的個體建立具有一定深度的影響作爲效益評估。

回想一下，你曾辦理或參加過的教育推廣活動是屬於哪種類型呢？哪些令你印象深刻？印象深刻的原因又是什麼呢？這些類型中以「系列型深度參與」最爲特殊，也是這些年來我深入研究並嘗試運作的種類，而它會形成接下來我們要談的「教育推廣現場三角關係」。

戀愛的三角關係現實中可能很難讓人開心得起來（但也不好說，的確有人享受，但肯定不是我），然而教育推廣的三角關係，一旦能達到平衡，我敢保證必定能帶來深刻的滿足，且我始終認爲，這將能引領整體的社會教育，**使人與人之間更懂得彼此尊重，良善永續的未來**。聽起來這麼美好的關係營造乃是由「參與者」、「引導者」與「促進者」所構成的：

「參與者」── 保持好奇心、接納新事物

參與者想必是我們最常有的角色。不過參加活動以來，你**是否曾想過自己是個什麼樣的參與者呢**？我們是否能對主辦單位和承辦者保持禮貌和謝意？若臨時不克出席是否會事先告知並表達歉意？我們是否帶著高姿態認爲參與活動就是要被尊貴服務？發生非預期的變化時，能否先冷靜觀察而非一股腦兒地進行投訴。

身爲講師或教育推廣者，我常對參與者說：「今天來到這裡，我們沒有誰服務誰，我們就是一起**共創的夥伴**。」參加活動無非就是希望從中有所體會或感受，然而收穫的多寡，其實最終是在自己如何領悟，因此倘若身爲參與者的我們都能抱持

著乎等的心意，保持好奇心、接納新事物，並能不吝鼓勵或感謝這些費心策畫活動的夥伴，最終受益的是我們自己之外，他們也才能因我們的謝意和尊重，更有動力持續發展更多好的方案，獻給每一個人。

「引導者」—— 做好功課、保持彈性

引導者就是我們習慣稱呼的「講師」，然而當方案設計需要時，會再將引導者細分成「主要引導者」和「偕同引導者」。主要引導者依舊是講師，但偕同引導者有可能是助理講師，也或者正是教育推廣者。

無論是哪種類型的引導者，任務都是為課程做好充足的準備，惟當真正進到教育推廣的現場時，記得永遠保持彈性與敏銳度回應實際狀態的流動與發生。有時在課程觀摩或參加活動時，當現場發生出乎意料的情況或回應，彈性不夠的引導者可能就會啟動各種防衛機制，生氣、責備或各種強硬的「教導」姿態。因此，作為引導者時，除了充分準備，我們永遠要牢記——計畫與變化，二者總相依。

「促進者」—— 理性思考、感性善待

促進者原則上就是教育推廣者。之所以用「促進」，正是因為教育推廣者的任務不僅是策畫方案、選擇合適且具團隊意識的引導者，更須記得，自己是一手促成眼前美好的重要推手，絕對不要毫無理念，妄自菲薄認為只是個找講師來教課的人。我見過太多教育推廣者都是如此輕忽自身需促進整體方案，使

之朝向預期的方向。因此，每當有機會擔任引導者時，我同樣會這樣提醒教育推廣夥伴。「促進者」就如同觸媒，只要依循著服務設計的流程建立前、中、後，從最初的規畫、過程中的適度參與到結束後的迴響效益，就能讓所創建的活動有著獨一無二且讓許多人念念不忘的魅力。

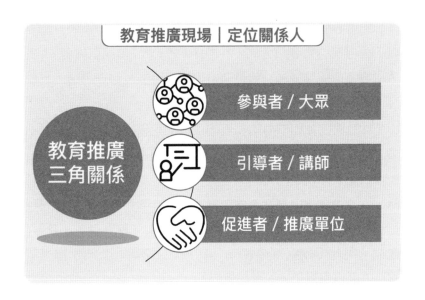

此外，內部團隊配置上亦可再細分為主要三個角色，分別是「引導者」、「促進者」、「協助者」。「引導者」如前所述可分為主要引導者和偕同引導者，主責內容的執行；「促進者」更深入的任務是需要懂得就整體和個別情況保持敏銳覺察，適時提醒引導者們所看不見的情緒或氛圍流動，乃至於參與者自身的狀態若有需要，亦有可能要懂得及時承接；「協助者」的任

務會是多樣態的機動型支援，至於是否涉入團體動力發展，則視計畫而定進行靈活調整。

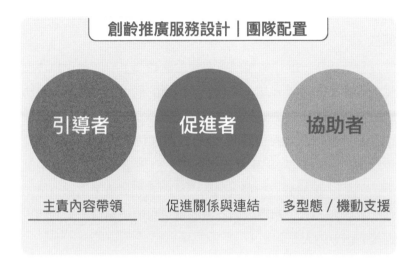

教育推廣基本心法｜盤點、開放、交流

當我們的受眾是中高齡者或成人時，在設計教育推廣方案流程前，「**盤點**」、「**開放**」和「**交流**」是主要的三個思考軸向：

盤點

盤點運用的時機通常有兩種，一是當我們構思新方案時，用來作為對象人物誌設定之用，另一時機點則是藉此篩選方案預期的對象例如透過招募問卷，或讓盤點的內容成為引導者或促進者可用的素材。

盤點的內容可以包含受眾的「情緒」、「經驗」、「需求」或「痛點」，這些都是從每個人選擇參與活動的動機，以及參與過程中產生的感受所衍生的，並來自受眾珍貴的回饋。

開放

　　曾有一年，歷經無數精疲力盡的活動後，一度也曾無法感受教育推廣的意義，甚至即將失去持續的動力。當時有機會訪問也正在歐洲推動戲劇創齡的新加坡藝術家郭勁紅，我將這樣的苦惱偷渡成訪綱藉此詢問，「我們這樣持續做下去的意義是什麼呢？」他回答：「我們的確無法一一衡量藝術為大家帶來的『好處』，但只要有一個人參與之後向我們表達了這過程帶給他的影響和美好，那麼**我們能做的就是打開一扇又一扇的門，迎接有需要的人。**」

　　因此，我也將當初來自勁紅的支持分享給你，我們做教育推廣的，就是盡己所能，打開參與的大門，迎接有緣分的夥伴。

交流

　　這裡指的交流，除了包含整體流程如報到時的招呼、休息時的寒暄乃至於到方案後的感受調查之外，有個重要的魔幻時刻，那就是課程的團體分享。

　　就因為見證了太多因分享時刻所展現的魔力，當我擔任推廣策畫時，都會提前與引導者溝通，請他們將交流分享納入課程的一環，這邊要留意的是，絕對不能是課程額外的時間，因為若這個魔幻時刻無法成為課程的一部分，那就會讓受眾感覺

到這是額外需付出的時間，且容易讓整體氛圍開始浮動甚至動力渙散。人們都希望自己的感受能夠被接納，因此交流的魔幻時刻是課程設計中非常高報酬、切莫忽略的投資。

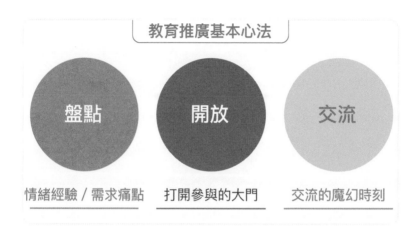

教育推廣基本心法

盤點　　　　開放　　　　交流

情緒經驗／需求痛點　打開參與的大門　交流的魔幻時刻

▌ 教育推廣整體設計五元素｜人事時地物

這部分除了是教育推廣者可以先行作為歸納用之外，若你是講師引導者，也能透過「人」、「事」、「時」、「地」、「物」五元素的盤點，更清楚課程設計的結構與節奏：

人：參與者樣態及條件、人數。

事：流程、課程內容、整體接觸點。

時：次數思考（可參考前述關於定位三角關係中的類型，同時若為深度方案，建議至少五週，國外許多創齡方案常見八週）、課程時間（通常每次以 1.5-2 小時包含交流分享尤佳）、

課程辦理季節、日期（週間或週末，盡可能避開連假）。

地：場地、設備、室內外環境。

物：材料、文具、需要參與者自己準備的東西。

▌教育推廣課程設計 | 結構與時間軸

當我們正式規畫每一堂課，特別是若擔任引導者（講師）時，課程的基本結構包含「開場時刻」、「導引時刻」、「共創時刻」與「交流時刻」，每個部分依照時間軸向應留意的設計心法如下：

「開場時刻」（推廣主辦單位帶領）

- 自我介紹、介紹主辦單位、介紹環境。

- 簡述活動緣起和整體期待。

- 提醒參與者保持「共創」的心。

- 唱名團隊夥伴（包含教育推廣團隊和計畫執行團隊）。

- 介紹講師登場。

溫馨提醒

作為主辦與策畫單位，開場除了環境介紹之外，對參與者和引導者簡述活動緣起和期待也是非常重要的，一方面是再次提醒即將接手課程的講師或合作單位要將計畫的委託放在心上，同時也可以說是個**「歡迎大家來的時刻」**，讓每個人都能有被歡迎的感覺。此外，以「**共創**」的心態提醒所有人，這場相

遇並非是無條件的服務提供或上對下的教育，這樣的提醒不僅能讓推廣團隊夥伴更有信心，也能促進參與者和引導者都有更良善的心態，建立平等的氛圍。

「導引時刻」（引導者帶領）

- 先進行團體破冰暖場（可以是與主題扣合的小活動）。
- 提供主題相關之輕量先備知識（是輕量！輕量！輕量！）。

溫馨提醒

資訊時刻已進入到課程內容的行進，此時**引導者為主、教育推廣者為輔**。團體的破冰暖場需留意的是避免安排需要過度自我揭露的活動，特別是在系列課程的第一堂，因為此時團體安全感尚未建立。**先備知識**的部分，則需留意引導者的角色並非用來作為展現知識的舞臺，因此切莫懷抱著教育參與者的姿態，海量灌入超過負載的知識，而是應採取「**輕量易懂且與生活扣連**」的設計，進行引導型的分享，輕量資訊不僅能作為後續創作時刻的啟發，更有助於參與者感覺到吸收新知的喜悅。

「共創時刻」（引導者帶領、促進者協作）

- 賦權給每一個人（包含參與者和團隊夥伴）。
- 是「傾聽與共創」（不是「教導和遵守」）。
- 保持「敏銳覺察」、「靈活彈性」與「真心相待」。
- 「過程」發生的一切遠比「成果」是否完成更重要。

在創作時刻，無論是引導者或促進者，都要記得**保持開放的平等心**，並且有觀察力和敏銳度，回應無法預測但卻充滿即興樂趣的教育推廣現場。此外，作為主辦或邀請單位的你，這也是個相當好的機會，發揮你的觀察力，確保你的引導者或促進者是合適的性格。

「交流時刻」（引導者帶領、促進者協作）

- 這是最「魔幻」的時刻。課程設計最初就要將其納入。
- 參與者少時盡可能讓每個人都可以分享，參與者多時選擇進行分組分享。

溫馨提醒

最深刻的迴響往往出現在交流的時刻，如果你是個重視質性大於量化，想好好蒐集參與者真實感受的人，你絕對不能放棄，若是有其他講師進行帶領，也請**務必要事先提醒講師**將交流時刻一併納入課程設計。

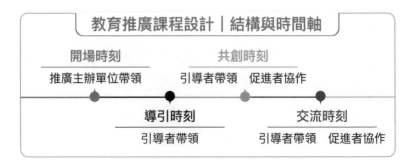

▌教育推廣系統性規畫｜服務設計作為方法

先前提到，服務設計是將流程視作一個具系統性視野的整體性規畫。我總喜歡拿旅行來比喻，更精確是指有旅行社提供服務的跟團之旅。（在協助國家兩廳院共同策畫的青銀有約計畫最初也是採取旅行的設定。）

旅行前會有各種行程透過不同管道來到我們眼前；接著開始衡量自己的需求，比對吸引自己的行程有哪些以及為什麼；做了選擇後，開始體驗旅程中的各種感受和安排；旅程結束後，又會有什麼樣讓人回味再三的收穫呢？

我們平常作為參與者參加不同活動時，其實經歷的正是一場可以分作前、中、後的旅程，然而對於教育推廣策畫者或促進者來說，任務就是以服務設計的視野和方法，透過各種接觸點的設計，打造一趟完整的體驗，並且讓體驗成為我們傳遞信念價值的渠道，不僅建立品牌形象，更能藉由教育推廣的良善永續，影響每一位參與者都能是懂得尊重彼此長大變老姿態的夥伴。

接下來我們將持續以「深度型」教育推廣服務設計解析：

活動前

活動前規畫

◆ **設定計畫目標及預期效益：**

策畫過程中需將目標和預期可展現的效益，無論是量化或質化，都時時刻刻放在心上。

◆ **設定課程型態：**

▪ 線上、實體、線上與實體混合。

▪ 區分「系列型可單次參與」、「系列型需連續參與」。

◆ **設定預期對象：**

從計畫目標去思考，切忌包山包海誰都想要。

◆ **設定課程長度與時間、舉辦日期（季節）：**

每堂課程約是 1.5 到 2 小時，包含交流分享時間尤佳；至於堂數，根據經驗，至少要 5 堂課才能建立完整的團體凝聚感；辦理時間、日期或季節也需回扣對象、目標和效益進行搭配，舉例來說，參與者若是失智者就避免於可能發生日落症候群的下午時間辦理。

◆ **確認參與者數量、性別、背景（慣用語言、學經歷）並加以彙整：**

活動前盡可能了解你的受眾，永遠是最好的投資。

◆ **任務分工：**

任務團隊基本上以前面提過的「教育推廣現場三角關係」（促進者、引導者、參與者）作主要分類，最重要的是要把彼此當作是同一個團隊，而非各自獨立。

◆ **行前會議：**

透過行前會議讓引導者、促進者或其他團隊相關人員皆能掌握參與者的基本狀態，並且藉此進行明確的分

工，讓彼此都知道自己的主責任務有另一項潛在的好
處，那就是當現場出現非可預期情況時（多半也必然會
出現），團隊間才能相互補位。會議的最後，也是最重
要的，對彼此說：「一起享受吧！開心上場！」

活動前準備

- 確認教材、設備、場地空間等硬體需求。
- 確認動線且可考慮製作指引（路線較為複雜的話也可拍攝
  拉近人心的指示影片）。
- 發送有原則且有溫度的行前通知信。
- 行前通知信記得署名（會讓參與者覺得有具體值得安心的
  對象）。
- 預先製作專屬該活動的空白稱呼貼（這也是小投資大報酬
  的細微設計，但記得不能用現成的標籤貼，而是設計專屬
  的稱呼貼）。

活動中

活動開場

- 桌椅安排（例如是否圍成圓形或半圓形都是有意義的）。
- 歡迎招呼語、環境設施介紹。
- 主持者介紹自己與夥伴。
- 幽默但堅定地闡述方案的理念。
- 營造共創且平等的氛圍。

- 介紹講師登場。

活動進行

- 保持觀察、同理並平等以待。
- 保持團隊的協力和補位。
- 留意休息、補充水分的時間。
- 促進者需與引導者保持良好的相互支援。

活動結尾

- 結尾鼓勵語。
- 行動召喚語。

活動後

強化體驗

- 發送有溫度的課後信。
- 如爲連續型參與亦可建立筆記於每次課後提供給參與者。
- 如爲連續型參與可於最後一次活動提供小驚喜給參與者。

團隊分享

- 如爲連續型參與建議每次均須有課後會議。
- 讓每位夥伴都可以分享自己的看見和感受。
- 讚許並支持好的過程；激盪並感謝有可改善的機會。
- 給自己和團隊最棒的喝采！

創齡推廣服務設計｜接觸點

活動前規畫
1. 與合作方確認關係人數量、狀態、時間
2. 內容設計（盤點資源）
3. 確認目標或評測、任務分工、行前會議

活動前準備
1. 確認動線、流程、道具
2. 為所有人標示名字（姓名貼）
3. 有溫度的聯繫（關係建立）

活動揭幕
1. 介紹夥伴與自己
2. 營造現場氛圍，共創體驗
3. 對所有人平等

活動中
1. 保持觀察、同理、彈性
2. 團隊協力與補位
3. 教育推廣的三角關係

活動完成－強化體驗
1. 活動完成品
2. 活動後感謝信
3. 活動照片

活動結束－討論
1. 確認當次活動狀況
2. 讚許並支持好的過程
3. 改善或強化流程與內容

▊ 教育推廣工作錦囊｜通用心法

- ◆ 事先了解受眾，也是爲了確認自己的心意。

- ◆ 是「傾聽與共創」，不是「教導和遵守」。

- ◆ 重視團隊交流時間，成爲彼此的神隊友。

- ◆ 日常保持跨域吸收的好奇心，就能打造促成連結的超能力。

▊ 教育推廣工作錦囊｜失智長者

　　上述所有的思考，都可以運用在與失智長者一起共事的整體性原則，除了失智者可能的相關基本狀態需稍加認識之外，其餘皆沒有過多的特殊性，因爲都是「人」。在這裡，僅就引導者或促進者在心態和能力上的建立做些提醒：

- ◆ **自我準備：觀察力、同理心、保持彈性**

　　打開感官、保持換位思考，並且記得——「保有幽默感」。

- ◆ **建立團隊：找到對的人**

　　對外找到正確的關係人與合作夥伴；對內建立能彼此互補支持的團隊。

- ◆ **營造氛圍：建立團體的安全感與成就感**

　　同樣記得是「傾聽」與「共創」，不是上對下的教導或遵守。

- ◆ **互動與對話：非語言的溝通**

　　別忘了眼神、微笑和你的肢體語言。

◆ **不被完美綁架：順著彼此心的流動**

過程遠比結果重要，重點是在過程中的對話、互動和
共創。

這些心法都是基礎，作為教育推廣專業工作者，關鍵在於
我們自己是否將此牢記在心——「**我們希望透過藝術讓參與者
能重新感知『對我而言什麼是最重要的』。**」

實例分享 國家兩廳院青銀共創計畫
——青銀有約子計畫

此計畫是從 2021 年開始，我協助國家兩廳院與合作夥伴
所共同設計。在此概要歸納整體計畫並結構化單項子計畫「青
銀有約」的教育推廣服務設計。由於整體計畫結構相當縝密，
怕又不小心寫成另一本專書，所以將用關鍵字心法讓大家可以
對照前面的服務設計方法服用，待日後若有機會透過工作坊的
形式，帶著大家一起討論、操作應該會更有臨場感。（所以希
望大家多多支持購書我們就可以加開工作坊，耶！）

活動前置

一、發現挑戰及分析需求

二、確認對象及設定目標

三、分析現況並輔以研究

四、設定預期效益和可能的成果證言

五、設計整體計畫與個別子計畫

六、確認推廣模式

七、盤點合適的關係人或組織

八、組成計畫團隊並共同設計課程

九、團隊成員的角色、任務分工

十、相關行政確認

活動開始

一、人性化的行前通知

二、營造教育推廣三角關係的平等氛圍

三、向參與者溝通活動性質並說明宗旨和期待

四、介紹團隊夥伴並鼓勵彼此平等以待

五、過程中促進連結

六、團隊保持敏銳並適時彈性補位

活動結束

一、透過結束後的信件或意外驚喜強化體驗

二、藉由問卷、訪談、創作、攝影等方式將成果具體化

三、將整體計畫效益可視化且能加以擴散

　　這項計畫因為有國家兩廳院的支持，同時我們找到了很棒的合作夥伴，組成了包含「**教育推廣設計**」、「**課程內容設計**」、「**研究觀察分析**」三個重要面向的黃金組合，因此可說是我推動創齡計畫至今最能完整實踐心中教育推廣服務設計的一個實例。

「青銀有約」計畫是建構完整教育推廣團隊的經典案例（照片來源：國家兩廳院。攝影：蔡耀徵）

旅程筆記

✍ 好的服務設計從「問對問題」開始。

✍ 服務設計帶來的全面性視野和實踐模式，能促成「深植人心的教育推廣」。

✍ 教育推廣會辦活動，但辦活動不一定等於教育推廣。

✍ 完整的系統化教育推廣模式，能為臺灣社會教育帶來良善的永續。

創齡未來
進行式

恭喜你來到這場創齡壯遊的最後一站──「創齡未來進行式」。不知道乍看「未來進行式」這五個字時？你是否曾有一絲疑問，到底是「未來」還是現在正在「進行」？未來的光景，皆來自昨日的點滴，因此，兩者都是。

　　在這最後一哩路，將更進一步說明近年來為什麼我將神經科學，特別是神經美學運用在創齡教育推廣中，而神經美學又如何被以神經藝術之名更貼近時代快速的變遷。

　　循此，整趟旅程我們都不斷提及「藝術顧健康」，然而藝術文化的參與是否真能帶有療效地支持需要的人？當參與藝術活動已經能與老年憂鬱症逐漸產生關聯時，我們見到現在已有蓬勃發展的實證研究，讓這個議題再也不是假設，而是可被驗證。

　　進一步地，我們將再度飛往英國，看看他們如何將過去的藝術介入方案，累積成更系統化也更健康管理導向的「社會處方箋」。在這裡藝術的社會價值將來到新的里程碑。

最後，藝術若要能持續跟著時代前進，必然會面臨它促成了多少社會影響力、打造了什麼樣的社會價值這些非常具體的提問。因此，無論是打造個體韌性，或是營造新時代親子關係，都是藝術的創齡實踐能促成的影響效果。倘若這樣的效果又有機會被可視化甚至加以評估，那麼才有可能讓更多元的領域有機會建立共識、理解彼此的專業和價值，成為彼此的夥伴。

縱然無法在此鉅細靡遺論述每一個令人興奮的關鍵字，但希望透過與你分享這些從實踐中眺望的未來，我們都能從中尋找到屬於自己盼望的路徑。

1 創齡與神經美學

Chapter - - - - - - - - - - - - - - - - -

▋ 神經美學的崛起

「創齡應當是『藝術』與『科學』並用下的產出，而藝術與科學的並存，就是神經美學的現身。」

——周妮萱，本書作者

　　會開始接觸神經美學的起因，是在與過往每段經驗共處的過程中，保持開放的心，持續覺察並且反思，探詢連結與轉化的途徑所致。在這過程中，我從一個單純辦理活動的承辦，更深入進到設計和教育，當「藝術與健康福祉」成為發展創齡學的溝通核心，而提倡「吸收藝術高蛋白，鍛鍊創齡肌耐力」時，參與藝術活動究竟能如何影響甚至我們的大腦、心智和感知（覺察自我），再循環引領我們回應生活與人生（關照世界），我發現，「神經美學」成了在科學上可期待的支持。

　　同時從教育推廣的服務設計來看，透過神經科學對於人類

行為的協助，我們也能設計出更符合人性需求的方案。然而，過往甚至目前多數的藝術參與活動，主要發動者都仍以藝術領域為主，因此無論在內容設計或是成效影響上，鮮少有納入如生理學、心理學、社會學乃至於神經科學的理論作為協助，也或者是說能夠跨領域思考並加以運用者少，這也是為什麼近年來，我認為**創齡類型的教育推廣若要能更有立論基礎和專業度，則應當是「科學」與「藝術」並用下的產出。**

那麼，什麼是神經美學呢？

還記得我們在先前提到，徹底感受一個概念，最好的方法就是多元吸收，理解不同倡議者他們的背景、宗旨與訴求，然後從系統性的思維去形塑核心，如同我研究了國外多樣的創齡行動，並開展無數在地化方案後，提出適合臺灣整體環境的創齡定義是——**「透過具創造力的方式和媒介（特別是藝文），以人為核心，促進人們特別是長者，具備覺察自我並關照世界的韌性力，並且能藉此創造溝通與連結的路徑，建立有品質的老年生活。」**更簡明地說正是——「有創造力地長大變老」，這背後的運作機制正有著神經美學。

「神經美學」最早由英國倫敦大學教授塞米爾・澤基（Semir Zeki）在 1999 年創造 neuroaesthetics 一詞，他的專業主要在靈長類動物視覺大腦的組織，後來開始研究審美和相關體驗所涉及的大腦機制，然而當時研究的角度和內容主要仍著重在視覺藝術。

過往對於神經美學應被歸類為神經科學或是應用美學仍有

疑義，但行至今日，多數都已認同這是一項既重疊卻又邁向獨立的研究領域。以神經生物學為基礎，神經美學研究者透過更貼近的實驗設計和科學儀器，理解我們的腦如何回應美感經驗並加以創造。

當一切開始更邁向系統化時，美國賓州大學神經美學中心主任安杰恩・查特吉（Anjan Chatterjee）和團隊提出審美三元論（aesthetic triad）作為美感歷程的建構。他認為藝術體驗是由三個形塑美感經驗（aesthetic experiences）的神經系統所組成，包括「**感覺運動系統**」（sensory-motor）、「**情感評估系統**」（emotion-valuation）和「**知識意義系統**」（knowledge-meaning）。

當我們從視、聽、嗅、味、觸等各種感官感知藝術時，我們的感覺運動系統會被激發，情感評估系統也會決定這個審美體驗是否令人愉悅或有其他感受，而這通常會與腦部的酬賞系統有所連結，同時知識意義系統則會將當前的經驗與過往的知識或經驗加以連結，進而因與他人在藝術上的共創而交融產生新的意義。

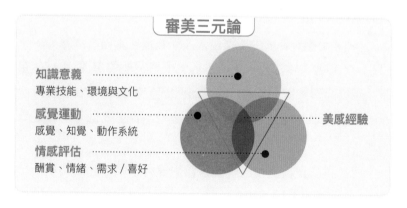

審美三元論

知識意義
專業技能、環境與文化

感覺運動
感覺、知覺、動作系統

情感評估
酬賞、情緒、需求／喜好

美感經驗

▌神經藝術接棒後的與時俱進

「創造力可以提振個體士氣，改變我們回應事情的方法，使我們超越這些問題。也就是說，創造力有助於我們保持新穎的觀點，讓我們在情緒上有復原力。」
　　　　　　—— 約翰‧柯翰（Gene D. Cohen），精神科醫師

近幾年，神經美學開始與博物館、美術館、藝術家等展開更多樣的合作，這也讓原本僅以視覺藝術爲主的研究類別，開始擴展至如音樂、戲劇、舞蹈等。任職於美國約翰霍普金斯大學（Johns Hopkins University）的教授蘇珊‧麥格薩門（Susan Magsamen）則爲神經美學展現另一種可能，她主導的「神經藝術藍圖」（NeuroArts Blueprint）計畫，不僅推出較易懂（字母也比較少）的「神經藝術」一詞的用法，更進一步推動神經藝術與健康福祉的研究，同時更加重視與跨域社群的合作及實踐相關研究內容的科學普及。

「神經藝術是一門跨學科研究，研究藝術和美感經驗如何顯著改變身體、大腦和行爲，以及如何將這些知識轉化爲促進健康和福祉的具體實踐。」——「神經藝術藍圖」

「神經藝術藍圖」並以實證研究的累積爲基礎，歸納出五項核心、五項發現和五項建議，發展神經藝術生態系統的內容：

五項核心

◆ 體驗藝術是身而爲人的基本，無論年齡、種族、民族、文化或社經地位。藝術不僅是人類共同的語言、爲不同

意見發聲的手段，更是鼓舞行動的催化劑。

◆ 藉由參與不同形式的藝術，對生理、心理帶來的健康福祉提升，目前已有明顯的且具實證的影響成果。

◆ 科學與科技使人們能夠理解並衡量藝術及審美體驗對個人和群體所帶來的生物影響。

◆ 神經藝術能作爲連結，將科學、藝術和科技以平等的夥伴關係結合在一起，共同促進健康和福祉。

◆ 神經藝術領域的好處必須以可近性、持續性和公平性的方式，讓世界上每個社區、每個人，終其一生皆能有所獲得。

五項發現

◆ 藝術和美感經驗以與其他健康介入措施顯著不同的方式影響著人類生物學和行爲。

◆ 初步證據表明神經藝術帶來了關於經濟和社會的效益。

◆ 與神經藝術相關的活動無處不在，但目前仍缺乏具凝聚力的結構。

◆ 現在正是培育神經藝術領域的重要時刻。

◆ 領導力和社區參與對於神經藝術的進步至關重要。

五項建議

◆ 加強神經藝術的研究基礎。

◆ 尊重並支持促進健康和福祉的藝術實踐。

◆ 擴大且挹注神經藝術在教學和職業的道路。

◆ 倡導可持續的資金並促進有效的政策。

◆ 建立實務能力、領導力和溝通策略。

「隨著越來越多的跨學科研究之進行和基於證據的先驅項目之規模擴大，我們將看到科學與藝術實踐之間越來越緊密的合作。為了實現可持續的長期性發展，神經藝術必須促進政府、全球組織、科學和藝術機構以及學術、工作場所、醫療保健和社區環境中的機構付諸承諾。」——「神經藝術藍圖」

作為創齡與神經美學研究者，綜觀一路以來的變化，其實無論是神經美學或神經藝術，都對於是否能有機會將神經科學與藝術合作後的影響加以可視化充滿盼望。然而也有人認為，藝術是很具個體異質性的情感經驗且存在於充滿變數的大千世界之中，無論是透過如無塵室般的實驗設計，或是試圖想就其「效益」加以量化評估，都將失去真實和意義。

這些疑慮都是有道理且值得隨時念茲在茲，然而站在藝術與健康福祉的角度，我對於神經美學的發展依然抱持樂觀審慎的態度，因為如同我常在課堂上提及的，科學是持續演進變動的，科學不是真理，但科學能夠協助我們培養解析問題的客觀能力，並且以此規畫思考與行動的路徑。

因此無論是單一媒介或複合媒介，我們通常描述一個人在體驗藝術是正在建立「美感經驗」。通常來說，美感經驗包含

「感覺」（feelings）、「情緒」（emotions）及「感知」（perceptions），而**我們如何深化教育推廣的設計，思考「媒介」、「內容」、「氛圍」的整合，就成為誘引完整美感經驗的關鍵**。無論在教育推廣的內容設計乃至於年長者參與藝術的歷程規畫，科學的參與都能帶來相當大的幫助。

也因此，若我們能以健康福祉這樣較高的視野，思索神經美學或神經藝術的實踐和運用，或許就能從更寬闊的視角看待創齡的跨域未來。

2 創齡與社會處方箋

　　你是否曾有些時刻，正在經歷身心的風雨，可能是源於工作職涯、社會氛圍、人情世故、照顧壓力，乃至於尚未能感知源頭的各種心焦與不安。當失眠、壓力、焦慮、憂鬱隨之悄然襲來時，你又會選擇什麼樣的方式面對呢？

　　普遍來說，許多人會先從吃安眠藥讓自己好睡開始（安眠藥使用之廣泛，從在麵攤都會聽到中高齡者交換服用安眠藥情報便可知一二），程度較重的則是開始服用不同類型的抗憂鬱藥，然而，或許在不久的未來，我們可以期待收到處方箋的那刻，不再是去藥局領藥，而是以「社會處方箋」之名，前往博物館、美術館、藝廊或劇院參與藝術活動或是去社區游泳池上游泳課並加入在地的俱樂部，不是為了休閒，而是要促進健康與幸福感。首先，讓我們先從藝術文化對於心理健康的貢獻開始看起。

▋ 參與文化藝術活動 「藝」起不憂鬱

「出生、缺陷、老化、倦怠、寂寞、憂鬱，這些生命過程
所遭遇的困難，在過往都只能被以醫療化的方式對待。然
而若『健康』是關於適應、接納和理解，那麼藝術可能
比醫學所提供的任何東西都來得更有效。」

——理查・史密斯（Richard Smith），
BMJ 英國醫學期刊執行長、醫師

世界衛生組織曾將憂鬱症列為自 21 世紀開始，將引起失
能及早逝的第二位疾病（僅次於心血管疾病）。英國因為意識到
憂鬱症人口比例日趨攀升，特別是在青少年和老年人兩大族群
中更加明顯，因此於 2018 年於政府機關正式設立「孤寂大臣」
（Minister for Loneliness）對應因社會疏離而生的憂鬱現象。

然而，其實早在先前，英國倫敦大學院教授黛西・范寇
（Daisy Fancourt）即以十年的時間追蹤 2,000 位 50 歲以上未罹
患憂鬱症的民眾，調查「文化藝術活動參與度和憂鬱症發生率
的關聯性」，發現數個月參加一次藝文活動者，憂鬱症的風險
降低 32%，每個月至少一次，患病風險更是能降低 48%，**證實
文化藝術活動的參與有助對抗因老化產生的憂鬱情緒，參與頻
率越高，就越不易憂鬱。**

2017 年由英國跨黨派藝術健康與福祉組織推出的《創意健
康：藝術促進健康與福祉》（Creative Health: The Arts for Health
and Wellbeing）報告中，也提到社會處方箋的實踐帶來相當顯著
的效益，整體包含：

◆ 藝術可以幫助我們病後康復、維持健康同時迎向更長壽，更有品質的老年生活。

◆ 藝術可以協助應對衛福、健康、社會照顧等領域面臨的重大挑戰，也就是老化、長期慢性疾病、孤寂與社會疏離等所帶來的心理健康議題。

◆ 藝術可以節省整體醫療服務和社會照護方面的資金。

而在醫療現場，英國也進行相應的統計：求診者有將近 20% 甚至更高的求診比例，都是非醫療型的問題或需求所引起，例如經濟、飲食、心理、孤寂、社會疏離等「社會性處境」所致，這些都是無法單純被醫師看診或藥物所治癒。因此，這也延續接下來我們要談的「社會處方箋」的興起，並且回應到為什麼社會處方箋存在的場域不在醫療現場，而是必須回到人們生命的現場——「生活與社區」。這項發現，也成為接下來所談的社會處方箋重要的啟發。

▌促成個體生活行為改變的「社會處方箋」(Social Prescribing)

「一起改變我們過往看待健康與幸福感的視野吧！」
—— 《2023-2026 英國社會處方箋發展策略》

社會處方箋的基本概念是認為「判斷一個人的健康與否，應依據與其相關的社會、經濟和環境因素做全面性討論」，也因此有別於過往開立藥物的單向性，社會處方箋被認為是一種

「全面性綜觀處理人們需求」的方式，並藉此同時能促進每個人的自我健康管理意識。

社會處方箋及類似方法其實在英國已實施多年，最早可追溯到 1980 年代。然而，過去社會處方箋和教育推廣有著類似的處境，也就是都沒有被名正言順地進行專業化和系統化的正視。

這些年開始出現重大契機，伴隨英國政府成爲世界上第一個設置孤寂大臣並發布「減少孤寂感戰略」的國家，裡面就納入了社會處方箋的相關實施建議。2018 年時任英國健康與社會照顧大臣的馬修‧約翰‧戴維‧漢考克（Matthew John David Hancock）更推動國家社會處方箋研究院成立，並且更明確地連結國民保健服務系統 NHS（National Health Service），因而讓社會處方箋正式浮出水面，就此師出有名。

爲什麼一個類比於臺灣衛生福利部部長的大臣會一手促成非醫療介入的社會處方箋就此成形呢？或許從漢考克的前一份職務便可一目了然——「數位文化傳媒和體育大臣」。

這個近似臺灣文化部長的職稱，正是漢考克在接手衛福事務前的任務，也因此他在推動國家社會處方箋研究院成立時提到，就是因爲他很清楚**藝術文化和其他非藥物介入能帶來的深遠影響**，因此深信起源於每個人生活及所在社區的社會處方箋，能達成醫學所無法達成的效果。

接著，2019 年 NHS 又公布長期計畫，通過將社會處方箋納入個人化照顧模式，目標在使人們，尤其是有生理、心理或

社會參與等複雜需求交錯的人，能夠以更妥適的管道運用自我健康管理與照顧的資源。

目前在英國可以開立社會處方箋者不限於醫師，還包含護理師、健康照護專業人員、住房組織，甚至自我轉介的比例也與日俱增，也就是當人們覺得有需求時，也可以經過登入並填寫相關資料，參與社會處方箋計畫。

伴隨研究與社區實踐的擴大推動，並基於藝術文化領域原先以文化作為基本權利的核心基礎，在硬體、服務和意識發展上都相對成熟，因此藝術社會處方箋的推動相較於其他領域，如運動、自然等，可說是一日千里。越來越多的報告建議以各種藝術處方箋應對焦慮、抑鬱、社會孤立或慢性疼痛，並且逐步建置相關的驗證機制及實證為基礎的研究計畫。

經過我的實踐經驗，社會處方箋在臺灣除了作為創齡的實踐新契機，當將系統化的教育推廣服務設計導入加以整合，讓來自英國的社會處方箋能夠有更完整的在地化實踐，那麼我們便能走出屬於自己的社會處方箋。

足以有自信這麼說的原因是，社會處方箋機制中，提供處方箋類型和內容方案設計者及第三方組織或社會性基礎措施，諸如博物館、美術館、圖書館、表演藝術中心等場域，不僅能與臺灣的教育推廣單位直接對接，更因方案導入服務設計而走向深化時，都能看到其所帶來的效果著實令人驚喜。

每個組織和計畫，都可以有機會開發屬於自己的創齡社會

處方箋，但必須提醒的是，社會處方箋會辦活動，但不代表辦活動就等於實踐了社會處方箋。社會處方箋和創齡皆然，不該只是單一事件的發生，而是一個完整的「系統」，從調查研究、受眾對象、目標策略、內容設計、團隊建立、質量分析到效益評估，都要全盤加以考量完善，如此一來，才可以被稱作是有結構和脈絡的社會處方箋方案。

　　大約是從2018年，我開始投入社會處方箋的研究和推動，這又是一項創齡跨域攜手衛福、社會照顧與健康福祉的可能。至今，除了相關文章和課程的撰寫及傳授外，也協助不同組織，規畫社會處方箋的臺灣在地化實踐：

2020 年國立臺灣文學館
—— 失智友善社群社會處方箋先驅計畫

　　我們與在地的失智日照中心合作，以輕度認知障礙、輕度、中度失智者為受眾，分析長者過往生活背景熟悉的主題如親情、愛情、飲食等，將國立臺灣文學館的常設展進行相應的主題解構和教案設計，設計出八週主題，每週皆以「主題導覽」、「主題創作」加上「互動交流」，同時結合《英國倫敦大學博物館福祉評量》（UCL Museum Wellbeing Measures Toolkit）進行前後測。

2022 年信義公益基金會
—— 社會處方箋價值設計培力共學坊

　　參與學員以曾獲基金會獎助的得獎方案單位或個人為主，

該年度因受疫情影響，成爲我第一場應該也是臺灣首次以線上形式完成的全日型社會處方箋工作坊。該次培力設計以「社會處方箋」爲核心，結合教育推廣與服務方案經驗，在共學坊中，透過設計方法，讓參與者清楚理解社會處方箋的內涵和價值、臺灣運用社交處方箋之挑戰與機會，進而引導參與者思創屬於自己理想的社會處方。

2023 年信義公益基金會
—— 社會處方箋價值設計培力共學坊

參與學員以曾獲基金會獎助的得獎方案單位或個人爲主，奠基在前一年的基礎之上，本年度除了授予「社會處方箋」基礎識能之外，透過兩日實體工作坊，引進英國社會處方箋系統中的重要角色介紹——「連結者」（link worker），並且安排認識相關評測量表以及測量時的服務設計，讓參與的社區推動者的角度出發能藉由與時俱進的研究分析、引導式的設計共創，循序漸進深入社會處方箋的內涵價值、發展趨勢、系統性思考並進行策略設計的原型化。

2023 年國家兩廳院
—— 表演藝術社會處方箋計畫

在表演藝術方面，我也協助國家兩廳院策畫以 55 歲以上具有潛在寂寞和社會疏離爲招募對象的表演藝術社會處方箋計畫，分別推出「戲劇處方箋」、「舞蹈處方箋」及「聆聽處方箋」三項，每項皆爲期五週，同時運用國家兩廳院表演藝術圖書館

作爲主要場域和工作坊資源供給的規畫，並以華威愛丁堡健康福祉量表（The Warwick-Edinburgh Mental Well-being Scale）及老年憂鬱症量表（GDS-15）進行前後測。

2023 年社團法人臺灣防暴聯盟
—— 社區照顧關懷據點培力工作坊

參與學員皆爲主責高齡事務的社區照顧關懷據點之承辦人、志工督導或工作人員，來自新北市新店、深坑、烏來、中和、永和、三重等地區。透過概念介紹、小組討論等互動形式，協助據點夥伴認識社會處方箋精神、原則概念及實務運用，並且交流如何在未來運用於據點服務之中。

2023 年臺北市廣慈社會住宅公共藝術社會工程計畫
—— 社會處方箋子計畫

以社會住宅及其居民爲主體的社會處方箋方案，在我的研究蒐集中，這或許是全世界首見的嘗試。受禾磊藝術邀請，我擔任這項計畫的計畫主持人。我們以促進社區連結爲思考，提供給 45 歲以上成人的社宅社會處方箋計畫（禾磊藝術／臺北市廣慈社會住宅公共藝術社會工程計畫）。同時，我以英格蘭藝術協會（Arts Council England）所開發之《通用社會成果模式》（Generic Social Outcomes, GSOs）三向度的通用社會成果架構：「健康與福祉」、「穩固安全的社群」、「公共生活意識」作爲研究與思考架構，設計具有臺灣在地實踐或稱社宅屬性的評測問卷進行前後測。

社會處方箋與創齡的未來有可能會是什麼樣的光景，又或者可以說，當我早已和夥伴透過創齡實踐社會處方箋的內涵，現在有了英國的揭竿起義，我們又可以開闢什麼樣的道路呢？接下來，一起推開社會處方箋的大門吧！

3 創齡與社會影響力

─ ─ ─ ─ ─ ─ ─ ─ ─ ─ ─ ─ ─ ─ ─ ─ ─ ─

▌用創造力打造心的韌性

「心若是牢籠，處處為牢籠，自由不在外面，而存於內心。」
── 電影《刺激 1995》

創齡教育推廣的類型相當多，如先前提到「有結構的導覽解說」也是相當重要的一種。我除了在十多年前擔任臺南市政府文化局的文化歷史導覽解說員之外，這幾年也在空總臺灣當代文化實驗場擔任導覽解說員。

空總本身有著與白色恐怖歷史相關的連結，所以在上場解說前，安排我們認識關於白色恐怖受難者的歷史講座。講者介紹了多位關押在綠島的政治犯故事，其中最讓我有所啟發的，是創造力和想像力如何讓人保有心的自由和生存的韌性。

講者提到許多政治犯熬不過那段時光，更多的是即便幸運離開了，身心皆已受創。唯獨有位受難者，既捱過了，重獲自

由後還得以安享餘年。如何在那看不見盡頭的日子裡，仍堅毅地保持心智清明？

當時監獄對於政治犯能接觸到什麼樣的書籍都是嚴格管控，能看的書多是生活休閒如旅遊書，因此該位受難者說他就要了一顆排球，在球上畫出世界地圖而後懸掛在牢房中。早晨起床第一件事，就是隨意對著球用手一指，指到哪個國家，就跟獄方索取該國家的旅遊書，隨著書中的圖片介紹，想像著自己也神遊當地，內心更想著：「若有一天可以平安離開，就真的要去這些國家。」

這位受難者最終幸運等到離開的那一刻，帶著補償金和身心的自由，飛往一個又一個那曾在無數的日子裡，馳騁於腦海中的遙遠彼方。

這個故事讓我更深信，無論我們面對的是外在的牢籠、肉體的禁錮，乃至於是年老的不安、生理或心理所帶來的挑戰，藝術所引領的創造力和想像力，真的是如同護身符般，保護每個人得以找到屬於自己的方式，面對挑戰並允許經過。

▌心的安頓比身體更為重要

「『創造力』是提供一個新的方法或策略讓我們更貼近自己的情緒。」
　　——比特‧泰德‧漢那曼（Beat Ted Hannemann），科學家

文學家簡媜曾在某次的演講中提到，她見到許多臺灣人在

變老的路上，豐富內涵的事情都不做了，當精神空虛，百分之百必定會成爲難纏的老人；能夠與自己獨處是很重要的能力，因爲，心的安頓往往比身體更重要。

也因此，透過參與創齡活動，不僅能提升中高齡者的生理活動、認知能力進而促成心智韌性的養成，更能因活動所帶來的社會參與及社會支持，強化世界衛生組織提到的「社會幸福感」（social well-being）；這些回到最核心其實都是在**強化我們學習自處，進而能與他人共處的關鍵能力**。

既然韌性的建立是爲了讓我們更有自處的能力，關於自處，可能首先會聯想到是否與「孤獨」、「寂寞」乃至於日本所謂的「無緣死」（臺灣也有稱「孤獨死」）畫上等號？然而這裡必然先以正視聽的是，一個人生活不等於不幸。如同臺灣許多媒體會將日本的無緣死以孤獨死簡化，這是我向來很反對的，因爲這會誤導甚至強加閱聽者——「一個人就等於抑鬱而終」的思維。

其實「無緣死」一詞已經很明確的示意，**不幸的狀態並非獨立本身**，讓人感到不幸是因爲獨居者多因長期處於社會疏離與社交孤立的狀態且內心無法安定自處，才會發生在過世後，經過一段時間方被發現的事件。

這裡的關鍵除了安定自處的能力之外，更需有「日常有良好的關係支持」。「關係」不必然僅指親情，也包含友情，特別是於日常生活中因相同嗜好而結識的好友，這些**因著興趣而建立的友誼無論在質量或重量上，都有越顯重要的趨勢**。曾在某

一次戲劇活動中，和一位男性樂齡閒談，問起怎麼會想來上戲劇課？「退休前我都忙著工作，退休後偶然一次接觸到戲劇課，從此就愛上了，也有加入社團定期上課。而且老實說，我常常都覺得，戲劇社團的朋友，比我自己的家人還親。」

此類型故事其實常聽聞於我的熟年朋友之間，也相當呼應許多研究所提及的，年長者的自尊或自我價值的建立，可以通過社區戲劇活動、舞蹈、繪畫等創意活動從中被滿足。

因此，聽到這位男性的分享時，一方面感到無奈，一方面也慶幸。無奈的是，的確，包含我和父親在內，許多臺灣家庭在一起共同成長的路上，尤其當遇到年老、退休、照顧等挑戰時，我們在心靈上最先分道揚鑣的往往可能是家人，特別是父母或子女。然而慶幸的是，戲劇如同其他藝術，成為了中高齡者的支持。而我深信，只要是正確且良善的創齡活動，必然能慢慢讓自己從中梳理出一條與家庭關係的修復之路。

▌ 用創齡營造新時代的成年親子關係

「當我選擇看事物好的一面，並不代表我天真，這是我學習如何對待生活起落的順應策略，這是我的生存之道。」
—— 電影《媽的多重宇宙》

創齡不是討論藝術嗎？還能提升親子關係的品質？

你應該都聽過：「有關係就沒關係，沒關係就有關係。」這句常見於形容人際關係經營的經典名句；然而，這段話其實

是非常萬用的，因為的確，我們一生中，無不存在於關係之中，這一點，從事老年研究和創齡推動的我，深刻感受到潛伏於高齡社會下正逐漸變化的伴侶關係和親子關係。

這數十年來，隨著教養議題興起，開始有了「親子共讀」、「親子共學」、「親子劇」等各式各樣以親子為名的發展，無數的親子關係專家也出現在一本又一本、一場又一場的課程和活動中；然而，我們所習以為常的「親子關係」似乎大多仍著重在幼兒（他們通常有著家長口中的「半獸人」之稱）與新手父母，隨著兒女年紀漸長，國中、高中、大學甚至出社會，越來越像個「人」的過程，就越來越少有人探討。

因此我發明了「**新時代親子關係**」一詞，指的正是親子雙方皆已是成人的狀態，這樣的親子教育不能再以傳統的角度思考，而是真真正正回到生活中：理解彼此對於生活的現狀、想像和追求，加以溝通並學習同理。

常會被成年子女諮詢關於年長者的心理和生理變化，更多的是想知道如何與自己的父母相處。看著一個又一個心有餘而力不足的臉龐，讓人想起古有孟母「易子而教」，邁向超高齡的現在其實我們也仍是幸運的，因為除了有各式各樣的樂齡課程及活動參與，讓成年子女「**易父母而學**」之外，在長照的需求下更是常見適時的「**易父母而顧**」。那麼我們該用什麼樣的心態和方法迎接新時代的到來呢？

我們每個人或許不見得都會經歷孩童與新手父母的親子關係，但多數必定會面對這場新親子關係。這段關係之所以難

解，其一是因為兩者都已自覺是「成人」進而產生親子關係之權力反轉，此外，則是來自臺灣人或是華人文化潛藏的關係認定：

「中年子女在老年父母心中——你永遠是『我的孩子』！」

「你永遠是我的孩子」這句話可以是愛的表現，但另一面卻是帶有拘束性的表現。在父親病逝的前幾年，正值家庭照顧關係最高壓的日子，有著醫師頭銜素來掌握家中經濟命脈的他，躺在病床上提出無理要求時，對他而言，作為子女的我們只有順從的選擇，哪怕我們都已經是三十好幾已開始工作的人，在他心中我們永遠是他養的「孩子」，不會是獨立的個體。也因此這場新親子關係最後的結果是讓人遺憾的。

與父親完全相反的正是母親。母親在父親離開後，努力找回自己在漫漫長照中失去的生活，在我們看來，有時卻過了頭，也就是不夠覺察自我和關照世界。因此，作為子女的我們也開始會嘗試與母親溝通。我得承認，溝通的過程也不完全一帆風順，但我感受到母親將「你是我孩子但你也是你自己，一個獨立且完整的人。」這樣的觀念好好地放在心裡，聽我們的分析，也願意保持討論的空間，同時我也鼓勵母親參與許多的創齡活動，甚至來聽聽我的演講，讓創齡有機會在母親身上萌芽，就能讓溝通的流動得以持續。

因此，超高齡時代的新親子關係是什麼樣的光景或許仍有待持續建立，但我認為最關鍵的第一步就是——「把每個人都當作獨立且完整的個體看待，無論是你的熟年父母或成年子女。」

當把對方視作一個完整的人時，彼此之間才有溝通與理解的可能。超高齡的未來，希望我們都能以獨立的姿態、相伴不相羈的愛，建立新時代的親子關係。

在創齡的推動上，透過教育推廣的轉譯，可以讓藝術成為討論和深入議題的方法，像是親子關係、伴侶或婚姻關係、生死善終乃至於認識失智，創齡都可以藉由藝術媒介把深邃的議題溫暖地說。讓中高齡者甚至跨世代的夥伴，都能從創齡的教育推廣參與中，找到屬於自己看待自身與他人的洞見、領悟，以及最重要的──迎接長大變老的力量。

新時代親子關係的維繫是超高齡時代下的新興議題，需要我們開始願意談論、著手練習。無論你是希望能促進家人團聚的和諧，或是希望能有所改變，在此提供十項祕訣，不妨加以嘗試：

1. 先愛自己，才能懂得如何去愛。
2. 理解我們如何成為自己。
3. 營造平等的對話氛圍。
4. 認識彼此的世代。
5. 身為子女，請認識父母的過去、現在和未來。
6. 身為父母，做與子女相伴的嚮導，而非權威的指導。
7. 談談遺憾與期待。
8. 認識照顧與臨終。

9. 找出彼此皆能安心且自在的距離。

10. 寫一封信給對方和自己。

這十個方法，每一個都能透過創齡和藝術媒介加以探索，有興趣的夥伴，或許可以搭配電影這項最好入手的媒介，結合具儀式感的安排，和成年父母子女，一起來一趟關係的旅程。隨著這本書的出版，或許我們將可以在後續透過實體的方式一起感受並加以運用實踐。

▌捕捉創齡的價值？創齡與教育推廣的影響力可視化

「扛著真理的火炬穿過人群，不燒到任何人的鬍子是幾乎不可能的。」

——格奧爾格・克里斯托夫・利希滕貝格
（Georg Christoph Lichtenberg），德國博物學家

如同最初提到的，無論是什麼樣的領域或藝術媒介，現實的狀態就是，**教育推廣的價值常被輕忽**，認為教育推廣就是辦大型活動、開班授課，然後以人次作為該推廣是否成功甚至未來可否持續獲得經費續命的依據。

我常自嘲，教育推廣工作者，特別是**推動文化平權的夥伴常常必須面臨「內憂外患」**：內部迎接我們的是組織對於教育推廣價值的輕視，外部面對的則是因為以人次為主要計量方法，而使得推廣者疲於奔命辦活動但沒有機會好好和參與者溝通許多更重要的價值，例如長大變老的各種議題、為了教育推廣的

永續如何加以尊重彼此等。

教育推廣的價值如果僅是以參與人數的數量，而不以參與者因活動的介入所帶來的生命質量爲核心，那注定僅有辦理類似市集、演唱會、園遊會、大眾演出或是收取高價學費等措施才能成爲論斷教育推廣者的「成功和價值」。

質化與量化本就不該兩者互斥，然而站在藝術作爲陪伴更多人擁有面對生命挑戰的角度，**我們策畫的教育推廣計畫，能夠爲生命帶來什麼樣的影響，這些影響又如何能轉化爲可視化的驗證並且能被運用來進行溝通進而讓人們理解**，這也是近年來我在設計不同計畫時，爲什麼更加地走向深度計畫，同時先行規畫好方案的預期效益和影響力，這項選擇也確實帶給了我「生命得以影響生命」的驗證，並且成爲可以說是本書的起心動念。

因著這樣的脈絡和務實，我開始關注**教育推廣的價值如何可視化**，而可視化驗證也是服務設計的關鍵之一。因此在不同的深度方案計畫中，我協助團隊思考並設計量化與質化結合的前、後測，用以展現成果所帶來的影響。

藝文的社會價值如何被評估？
以英國文化價值中心（Centre for Cultural Value）為例

希望嘗試爲困境開出解方的不是只有我，在此想介紹的一個單位，是近年來相當活躍且對於藝文價值評估帶有系統性思維的英國「文化價值中心」，係由 UKRI 藝術與人文研究委員

會（UKRI Arts and Humanities Research Council）、英格蘭藝術協會（Arts Council England）和保羅・哈姆林基金會（Paul Hamlyn Foundation）資助成立於里茲大學（The University of Leeds）的國家研究中心。該中心同時也與利物浦大學（The University of Liverpool）、雪菲爾大學（The University of Sheffield）及愛丁堡瑪格莉特女王大學（Queen Margaret University, Edinburgh）及觀眾分析機構（The Audience Agency）合作。

英國文化價值中心以「**研究藝術和文化的重要性並且如何捕捉它們所產生的影響**」為核心。與藝文實踐者、組織、學者、資助者和政策制定者合作的推動方向有：

◆ 總結現有藝文的影響證據，並且使相關研究更容易被取得。

◆ 支持藝文部門發展研究、評估和反思實踐的技能。

◆ 針對藝文價值議題進行討論。

◆ 協助相關政策制定。

◆ 透過合作基金為研究及合作夥伴提供資金。

會有這樣的中心成立，正是因為英國特別是藝術文化從業者，也開始和我們一樣面臨了影響效益如何可視化的挑戰，因此為了回應藝術、文化和遺產部門日益增長的評估支援需求，2021 年，該中心與來自英國整體產業的代表組成工作小組，並制定相關評估原則（Evaluation Principles）報告。

由於英國在討論藝術文化價值時，通常使用「文化」一詞時就已包含「藝術」，然而在臺灣我們對兩者仍有微妙的區別。爲避免臺灣讀者有所誤會，除了中心的名稱之外，內文我會將藝術與文化並稱。此外，報告中並無特別就相關原則的順序進行說明，但我認爲應當依照整體性運作角度，將這些原則依序排列，希望能協助閱讀者有漸進式的思考意識。

原文報告內容豐富，在這邊就爲大家整理幾個主要的評估原則及其內涵：

♦ **有益的 (beneficial)**
——致力於學習、基於倫理道德、可適用的

「如何確保我們的評估滿足我們自己和利害關係人的需求？」

理想上，我們都知道若要使評估活動眞正對社會有益，需要以活動核心人員及利害關係人（教育推廣者、策畫者、引導者、參與者）的經驗、需求、價值觀和觀點爲中心。

然而現實總是骨感，評估的目標往往會受到贊助者或是所謂的長官、上級期盼的優先事項所影響，而不是滿足實際的社會需求，滿足我們的受衆、訪客和廣大公衆的需求。而最後的結果，必然無法回應我們的初衷。

爲此，此原則建議無論如何，皆須優先考慮，方案或計畫對於我們自己和利害關係人是否具備有意義的學

習和反思，同時制定倫理道德流程，並致力於積極且可行的變革，而不是空洞的辯護和倡議。

◆ **健全的 (robust) ——嚴謹的、符合比例原則的、開明的**

「我們的評估途徑和方法是否適當、嚴格並且面向學習？」

為了促進藝術文化部門內的真正變革，我們需要對評估活動和方法的結果有足夠的信心。（英國總是很懂得先信心喊話，這點值得任何需要團隊工作的人學習。）

穩健的評估方法需要適當且嚴格地應用不同的方法，不僅找出發生了「什麼」，還要更深入了解「為什麼發生」和「如何發生」，這些都可以幫助我們從失敗中學習，而失敗也是很珍貴的經驗。

此外，如何進行穩健的評估涉及我們是否保有專業知識和技能並且能對意外的結果或觀點採取開放的態度。

◆ **以人們為中心的 (people-centred)**
——具同理心的、多源發聲、社會參與

「我們如何考慮多樣化的觀點和經驗以獲得更好的見解？」

報告中提到，雖然我們常說藝術文化應當是共融的，然而現實世界，如同所有的組織，藝術文化部門不見得就能體現多元的代表性或共融性。因此，我們的評估有時可能會掩蓋不平等和不公平現象，甚至為它們

的延續找藉口和理由。

組織部門都必須對此謹慎自我覺察，因為當我們評估文化活動時，必然會涉及不同且持續發展，甚至是有爭議的價值類型，永遠記得要考量各種觀點和經驗的範圍和多樣性，如此一來我們才能夠獲得有意義的見解。

因此確保評估是多方面的、具有同理心和社會參與性的，這樣方能為我們見證、挑戰和解決文化部門內關於代表性、包容性、不平等的問題。

◆ **具連結性的（connected）**
——透明的、有意識的、共享的

「我們的評估是否能夠以共享且有效的方式相互學習？」

進行評估活動若沒有在整體過程中建立溝通，很容易會讓我們的利害關係人或其他部門的同仁感到難以理解、無關緊要，甚至覺得為什麼需要重複進行評估，而這些痛點都是可以被避免的（可參考運用本書第三站對於服務設計的核心思考）。

具連結性的設計方法會事先考量誰的聲音將出現在調查結果的報告和溝通傳播上，這些聲音如何在活動中體現，以及誰能夠聽到調查結果並根據調查結果採取行動。

因此試著規畫並確保溝通的透明度，這包括培養他人對我們工作環境的認識，並與他人分享我們的成果、

見解和學習。

「由於時間和資源不可避免的限制，永遠不可能完美地應用所有原則，因此這些原則並非作爲評估藝術文化價值的唯一指南。相反的，這些原則是在幫助藝文部門組織奠定和引導屬於你的評估實踐，支持你和你的利害關係人確定優先事項、吸引合適的人員，最重要的，使用適當的方法來理解並溝通你的工作爲社會帶來的整體影響。」──英國文化價值中心

影響力可以成為投資報酬嗎？
社會投資報酬率（Social Return On Investment, SROI）

近代有許多經費較爲充沛的組織，特別是大型的非營利組織或是政府單位，更開始運用社會投資報酬率進行影響力評估。SROI 顧名思義，是以投資的角度看出每投入一塊錢的付出轉換了多少錢的社會價值，常被用以衡量較難可視化其成效的方案和計畫。也因此，有許多國外的組織和場館將其用來計算藝術文化的影響力。

當我開始著重於深度的教育推廣方案設計時，接觸了 SROI，雖然也有許多研究批判 SROI 的出現並沒有讓質化內涵成功轉換成量化數據，反而加深了人們對質化的輕視，但同樣地，這樣的憂慮我完全可以理解，然而細看 SROI 的衡量原則，對於我們這些或許尚未有經費進行完整的社會投資報酬率報告的人，仍有許多可以藉以回頭深入檢視甚至用以設計教育推廣方案的價值。

關於 「社會價值」（Social Value）

「社會價值」與「社會投資報酬率」是從 2000 年由美國發起的概念，2007 年英國成立英國社會價值組織（Social Value UK）， 倡導資產負債表之外的社會影響力及其評估方法。該組織在官網上以英國人擅長的以人為本之生活化的倡議描述了社會價值作為健康福祉的具體化：

「社會價值是，除了利潤之外，衡量對人們來說重要的事情。對於某些人來說，社會價值源於他們在家庭或工作中的經歷。是與家人共度時光的滿足感、或在鄉村漫步時呼吸新鮮空氣後的精神煥發。

如果你每天走著一條喜歡的路，欣賞沿路光景上下班，那麼這條路對你和其他人都具有社會價值。倘若一個組織選擇在這條路上或附近進行建設，使你無法再享受步行的樂趣甚至因而感受到不安全及壓力，至此就產生了新的社會影響。

每天經歷的事情，都會對我們整體健康和幸福感產生影響。我們的福祉受到健康、人際關係、工作內容、居住地點、財務狀況、教育和技能、自然世界、經濟變化、社會治理方式以及對事物的理解等因素的影響。

社會價值衡量試圖理解並記錄我們對所經歷的福祉變化及相對的重要性。它有助於為更好的決策提供訊息，用以增加積極的變化，減少消極的發展。」

從這樣的描述應該可以理解到如何讓感受成為社會價值的具象化，就是所謂的社會影響力。要能產生影響力的社會價

值，又會需要依循哪些原則呢？接下來透過「臺灣社會影響力研究院」的描述，可以協助我們理解「社會價值原則」：

社會價值原則（Principles of Social Value）是一般公認的社會會計原則，根據社會會計、審計、永續報告、成本效益分析、財務會計和評估實務等基本原則發展而來。此原則可為任何希望考量更廣泛價值的決策者提供基礎，讓決策的結果可增加平等、改善福祉以及環境永續，因此對「責信」（accountability）和「極大化社會價值」（maximize social value）的重視相當高。

此原則也強調對社會價值的描述以及需回應的問題和可提供具體的依據。運用社會價值原則會有助於組織對自身工作產生的影響，能有事前可期待的責任和效益，而不僅僅只是看這個組織是否已實現其目標。

社會價值原則使用時需要進行「判斷」，社會價值的衡量也視其所處情境、活動、利害關係人而有不同。因此，使用社會價值原則所產生的訊息，需經過適度的獨立驗證或認證。

應用社會價值原則有時會面對相當多的挑戰，因為這是將無形的價值轉換成有形的過程，而價值往往因與決策過程中擁有極少權力或沒有權力的人所經歷的結果有關，因此如何可視化是需要持續努力的方向。

◆ **利害關係人參與**

透過利害關係人參與，告訴利害關係人社會價值會衡量的內容以及衡量方法。

◆ 了解發生什麼改變

闡明如何創造改變，並根據可被蒐集的證據來評估改變。懂得辨識正面與負面的改變，以及預期的改變與非預期的改變。

◆ 納入重要資訊

決策時需要決定在不同選項之間如何分配資源，同時辨識利害關係人的價值。價值是指不同結果之間的相對重要性，由利害關係人的偏好來決定不同成果的相對重要性。

◆ 為重要成果定價

確定必須在包括哪些信息和證據之下，才能真實地描述情況，以便利害關係人可以得出有關影響的合理結論。

◆ 不誇大成果

僅聲明活動所創造的價值。

◆ 保持透明公開

顯示分析是被認為準確且具有誠信的基礎，並表明將會對利害關係人報告，並且與利害關係人討論。

◆ 驗證分析成果

確保適當的獨立。

◆ 積極回應

——以上摘錄整理自臺灣社會影響力研究院

「社會價值管理的實踐」接軌「教育推廣社會影響力的結構」

除了臺灣社會影響力研究院的介紹，英國社會價值組織也將如何進行社會價值管理的實踐拆解成四個階段：

◆ **階段一｜計畫**

創建（或審查）策略和執行計畫。其中包括管理計畫和營運計畫。展開產品和服務的用戶研究、測試和協同設計。

◆ **階段二｜行動**

將從利益相關者那裡蒐集到的，與他們所經歷的變化相關而產生的定量數據加以調查。

◆ **階段三｜評估**

分析蒐集到的數據。

◆ **階段四｜調整**

數據和分析到位後，評估其影響效益。多數情況下，未來的行動方案將會有三種調節可能：改變、停止或擴大規模。

臺灣教育推廣者如何思考社會影響力評估

上述提到關於社會投資報酬的內容，有興趣的夥伴可以前往「英國文化價值中心」、「英國社會價值組織」、「臺灣社會影響力研究院」或其他相關的網站都可以找到越來越豐富的資料。

在此加上我策畫深度型教育推廣方案時的思考脈絡，包含目標、受眾、效益等等，系統性地打造該方案或計畫的社會影響力。綜整具體的結構如下供大家參考：

◆ **鎖定議題**

思考整體方案預計處理的議題以及其內容描述。

◆ **確立目標**

將議題定位完成後，爲方案或計畫設定回應議題處理的目標。

◆ **設計內容**

以達成目標爲中心，開始進行服務設計，內容不僅指課程，更包含團隊、次數、流程、環境、團體動力如何凝聚等策畫。

◆ **衡量指標**

對應方案目標並且結合設計的內容，標誌出得以衡量效益的指標。

◆ **展現效益**

列出質化與量化的成果，且若能將其具體化及可視化將有更佳的呈現。

當從事教育推廣或是社會影響力服務的我們還沒有口袋夠深、足以做出完整的分析報告之前，我們仍可以試著從中

加以建構。我在不同的創齡合作中也帶著這樣的思維，透過評量前後測與焦點團體等方法，從中建立質化與量化的效益反饋，至今成果的可視化，因為有了服務驗證的機制，確實讓我這方案策畫者感受到比過去單純辦理活動時更加踏實、更加有信心。

目前我正透過實踐和研究，逐步累積藝術文化教育推廣方案的社會影響力，希望在未來也有機會再與大家進行分享。

4 臺灣創齡友善組織與場館

Chapter ─

「從事創齡和文化平權工作，不只是『同理心』，更要進一步通向『平等心』。」

—— 辛治寧，國立歷史博物館教育推廣組組長

在回應文化平權的政策之下，全國各處的藝文單位或組織都陸續推出不同的樂齡計畫，然而深度、廣度與執行長度皆不盡相同。這些年來，我有幸與跨界組織及夥伴推動臺灣各種創齡方案，雖然沒有走遍全國大小館舍，卻也攜手共創了相當多指標型的計畫。

因此，這一章節我將簡要列出曾與不同組織攜手擘畫的創齡光景，由於內容相當豐富，無法一一載明，歡迎有興趣的讀者可以與這些組織進行聯繫。

這些我與夥伴們合作過或後續聽聞的創齡計畫，內容多元，**不僅有對外的大眾式推廣及系列型深度方案，更包含多樣態的志工培力。**邁向超高齡社會的臺灣，不只是在藝術文化場

域，包含衛福、社福和教育，志工都是各處推動服務的第一線，更常是面對民眾需求的直接接收者，因此願意將資源投注於志工增能的場館，都是具有社會責任且值得被看見和支持的。

此外，除了方案及組織名稱外，我要特別列出每個計畫或組織中曾合作的夥伴，這些年來，有些夥伴因個人生涯因素，更有因對於教育推廣的無力而最終離開，但每一位夥伴都是這些創齡方案之所以能完成甚至具有創齡時代價值的關鍵推手。

我常說：「組織很重要，但組織內有正確的人更是重要。」因此這一章也是獻給每一位創齡神隊友，因為有你們，在這片土地上長大變老的我們，才能更有勇氣和自信地迎接值得期待的明天。

〔國家兩廳院〕

- 樂齡計畫（參與對象：55 歲以上成人。形式有單場次、多場次參與）

- 青銀共創計畫（參與對象：35 歲以下與 55 歲以上成人。形式為主題徵選制連續型參與）

- 失智友善戲劇培力講座暨工作坊（參與對象：藝術與失智跨域實務工作者）

- 表演藝術社會處方箋計畫（參與對象：55 歲以上有寂寞或潛在社會疏離者。形式採主題徵選制連續型參與）

- 合作夥伴：蔡宛凌、張名君、徐郁筑、黃馨儀、王萱儀

〔奇美博物館〕

- 藝術陪伴暨創齡種子志工培力計畫（參與對象：館內志工。形式為招募制連續型參與）
- 合作夥伴：廖婉如、侯幸佑、李紫萍、林雅琦、連雅貞、王邦珍

〔國立臺灣美術館〕

- 藝術對談、老當藝壯—失智家庭工作坊（參與對象：中高齡者或失智者。形式有單場次、連續型參與）
- 藝術卽治療—美術館的保健提案（參與對象：中高齡者或失智者。形式為單場次參與）
- 美術館創齡福祉培力工作坊（參與對象：館內志工與館外工作者。形式為招募制連續型參與）
- 合作夥伴：吳麗娟

〔國立歷史博物館〕

- 文化平權志工培力（參與對象：館內志工）
- 創齡寶盒
- 推動夥伴：辛治寧、黃倩佩、林瑞卿、華家緯

〔國立臺灣文學館〕

- 創齡文學資源箱推廣（參與對象：中高齡者。形式有單場次、連續型參與）

- 失智社群友善文學資源箱建置與推廣（參與對象：失智或輕度認知障礙者。形式有單場次、連續型參與）
- 合作夥伴：鄭雅雯、王舒虹、吳貞宛、吳瑋卿、姜韋彤、陳乃菁

〔國立故宮博物院〕

- 故宮樂齡月（參與對象：中高齡者。形式有單場次、連續型參與）
- 今牌人生
- 推動夥伴：黃琇淩、康綉蘭

〔臺北市立美術館〕

- 街事美術館（參與對象：中高齡者。形式有單場次、連續型參與）
- 志工培力（參與對象：館內志工）
- 合作夥伴：熊思婷、王瑋婷、孫牧塵

〔國立臺灣歷史博物館〕

- 文化平權系列學習方案與專案活動（參與對象：中高齡者、失智者。形式有單場次、連續型參與）
- 國家文化記憶庫樂齡主題學習推廣計畫（參與對象：中高齡者、失智者）
- 合作夥伴：林潔琪、張淵舜

〔國立新竹生活美學館〕

- 臺灣創齡藝術節（參與對象：全齡不分障別。形式有單場次、連續型參與）
- 合作夥伴：陳美虹

〔臺南市政府新營文化中心（新營藝術季）〕

- 創齡公眾推廣計畫（參與對象：中高齡者。形式有單場次、連續型參與）
- 志工培力（參與對象：志工）
- 合作夥伴：楊馥菱、柯月英、顏卉喬

〔高雄市立圖書館〕

- 「熟年好時光」樂齡閱讀推廣計畫（參與對象：中高齡者。形式有單場次、連續型參與）
- 圖書館館員與志工培力（參與對象：高雄市各館館員與志工）
- 合作夥伴：潘政儀、王郁婷

〔臺南市立圖書館〕

- 創齡影展暨映後座談、銀齡星球（參與對象：中高齡者。形式有單場次、連續型參與）
- 合作夥伴：藍柏喬、蔣千芳、楊馥菱

〔國立臺灣圖書館〕

- 樂齡活動帶領培力計畫（參與對象：館內家庭教育志工、對樂齡培力有興趣之民眾。形式有單場次、連續型參與）
- 合作夥伴：張燕琴、黃瑞雲

〔聆聽老靈魂計畫〕

- 創齡與失智者相關計畫（參與對象：中高齡者、失智者與家屬。形式有單場次、連續型參與）
- 合作夥伴：鄭琬蒨

〔聽！音樂在說話〕

- 創齡與失智者相關計畫（參與對象：中高齡者、失智者與家屬。形式有單場次、連續型參與）
- 合作夥伴：劉又瑄

〔張書婷的藝術教育工作室〕

- 創齡相關計畫（參與對象：中高齡者。形式有單場次、連續型參與）
- 合作夥伴：張書婷

〔英國文化協會〕

- 創意高齡臺英交流參訪計畫
- 合作夥伴：紀其伶

〔驫舞劇場〕

- 「樂齡小學堂」國藝會共融藝術計畫
- 合作夥伴：蘇威嘉、方妤婷、陳珮榕

〔禾磊藝術（廣慈社會住宅藝術社會工程）〕

- 社會處方箋計畫（參與對象：全齡與中高齡者。形式為連續型參與）
- 合作夥伴：吳慧貞、沈岳蓉、楊詠晴

旅程筆記

✍ 教創齡應當是「藝術」與「科學」並用下的產出,而藝術與科學的並存,就是神經美學的現身。

✍ 神經藝術是一門跨學科研究,研究藝術和審美體驗如何顯著改變身體、大腦和行為,以及如何將這些知識轉化為促進健康和福祉的具體實踐。

✍ 若「健康」是關於適應、接納和理解,那麼藝術可能比醫學所提供的任何東西都來得更有效。

✍ 創造力和想像力讓人保有心的自由和生存的韌性。

✍ 創齡教育推廣的轉譯,讓藝術成為討論和深入議題的方法,像是親子關係、伴侶或婚姻關係、生死善終乃至於認識失智,創齡都可以藉由藝術媒介把深邃的議題溫暖地說。

✍ 深度的教育推廣計畫,需思考能為生命帶來什麼樣的影響,這些影響又如何能轉化為可視化的驗證並且能被運用來進行溝通進而讓人們理解。

感謝文

「醫療往往看的是一種病；我們用藝術，看的是一個人。」

每當遇到心中總數度以爲再也挺不過去的困難和沮喪，每當度過後老派地回首來時路時，我總會想起當年英國 Living Words 創辦人 Susanna Howard 在工作坊中與我們分享的這段話，想起老爸、想起媽媽和哥哥，想起我們曾走過的每一天，那時的情境、情緒和空氣的濕度，我總能深深感受到。這一段路，卽使走到現在，我仍不敢掉以輕心、不敢鬆懈以對，因爲心中明白這一切是如此不容易，每個乍看之下重大的推進都來自於每一刻小小的累積。

這些累積都來自和許多人的一期一會，由於這是我的第一本書，也因爲不知道還會不會有一下本，所以請容我把第一次就當作最後一次，愼重列名感謝。

在全國各處推動創齡文化平權和高齡共融的夥伴，每一次與他們的攜手，都是臺灣創齡歷史重要的一步。正因自身體感創齡推動的巨大困難和挑戰，因此我總期許自己成爲眞心推動創齡的夥伴最可靠的神隊友。這些教育推廣夥伴，有些仍持續堅持理想，有些則轉戰其他旅程，但無論如何，倘若沒有他們一路在各地的堅持及對我的信任，這本書不會成形，謝謝莊守禾、鄭雅雯、王舒虹、曹恩韋、賴淑君、梁秀眉、林潔琪、張

淵舜、黃揚名、李權泰、陳懷萱、辛治寧、黃倩佩、吳麗娟、吳瑋卿、郭元興、王惇蕙、華家緯、廖婉如、侯幸佑、紀其伶、李紫萍、林雅琦、林瑞卿、蔡宛凌、徐郁筑、張名君、熊思婷、孫牧塵、王瑋婷、張書婷、陳佳蘭、蘇珀琪、鄭琬蒨、李育芳、方秀慈、陳麗光、楊馥菱、林蕙玟、莊成爐、林彥君、林龍森、林柳吟、白明奇、高有智、盧怡方、王郁婷、黃瑞雲、黃子明、藍柏喬、陳韻文、黃琇凌、蘇炫綱、黃本婷、張顯魁、劉建良、林紹蘋、陳國政、高愷珮、蕭婕緹、黃馨儀、陳乃菁、蘇秋萍、蘇威嘉、方妤婷、陳珮榕、卓韻如、張玉漢、陳彥亘、林宏陽、劉興光、林玫伶、吳岱融、蘭萱、葉佳蓉、Susanna Howard、Anne Gallacher。

這條從影像教育、長照服務到創齡學的旅程中，謝謝在職場上曾支持我、擺渡我的吳貞宛、李宗勇、陳佳雯、李正雄、林佳雯、林瑞惠、呂協翰。

感謝總是陪伴在我身邊的重要親友和情同家人的夥伴，雖然很多時刻我都還是無法明確定義這份志業，但你們總是陪伴在我左右，無論是用食物或陪伴，甚至讓我享受在你們身邊就這麼自在地待著，這些都滋養了我繼續懷抱勇氣走向未知的每一天，謝謝陳秀碧、陳秀金、劉俊興、李娟薇、陳宏仁、陳宏吉、陳尹柔、劉芷妘、劉晏慈、周于舜、周容新、周靜婕、黃翔凌、劉又瑄、廖家愔、黃孟琦、周峻吉、吳商平、黃婉婷、施佩君、李宜芸、吳欣怡、李銘璽、杜秋萍、陳彥如、郭瀞憶。

「你有規畫想出書嗎？有沒有想過把做的這些整合起來跟大家分享！」

推動創齡以來，很多時刻真的數度想放棄，所以從沒想過有人願意陪我走到出版的這一哩路，當聚場文化周得豪執行長提出這段邀請時，我心中充滿感動，雖然在確定合作後，就開始擔心寫不出來、煩惱賣不好，然而每當想起得豪的信任，就是最好的激勵；同時，也謝謝我的編輯盧薏及郭恩惠對內容方向的提醒和建議，讓我能夠跳說自己的視線，重新看待這本書。感謝聚場文化所有夥伴。

幾次創齡演講或教學結束後，都有學員前來對我說：「謝謝凱特讓我認識了創齡，讓我對自己的老後更樂觀，臺灣有你們真好。」我總會回報感謝的眼神並緊握對方的手說：「也要謝謝你自己，願意與我們一起前行。」

謝謝每一位曾參與過我的課程的學員夥伴，你們的回饋是鼓勵我持續走下去很大的動力，謝謝你們。夥伴也常說我都忘了謝謝自己，因此：「謝謝周妮萱和已經登出地球卻總是成為她課堂教材的父親周瑞陽，這或許是你們有過最棒的合作，謝謝你們為了更適合長大變老的臺灣，努力著。」

最後，謝謝和我一起走到這裡的你，願長大變老的路上，創齡原力永遠與你同在！

國家圖書館出版品預行編目 (CIP) 資料

創齡學：長大變老的終身必修課 = The age of creative ageing/
周妮萱（凱特）作 . -- 初版 . -- 臺北市：聚場文化有限公司，
2024.04
　面；　公分
ISBN 978-626-95851-5-1（平裝）

1.CST: 老人學

544.8　　　　　　　　　　113002848

《創齡學》：長大變老的終身必修課
The Age of Creative Ageing

作　　　者	周妮萱（凱特）
總 編 輯	周得豪
企 畫 編 輯	盧蕙
責 任 編 輯	郭恩惠
封 面 設 計	職日設計
內 文 排 版	劉秋筑

發 行 人	周得豪
出 版 發 行	聚場文化有限公司
地　　　址	106 臺北市大安區羅斯福路 3 段 77 號 5 樓
電　　　話	(02)2508-1200
電 子 信 箱	service_1@gather-tlb.com

總 經 銷	大和書報圖書股份有限公司
地　　　址	242 新莊區五工五路 2 號
電　　　話	(02)8990-2588
印　　　刷	中原造像股份有限公司
出 版 日 期	2024 年 4 月 初版一刷
定　　　價	新台幣 420 元
I S B N	978-626-95851-5-1